MORAVIA MAGNA

MORAVIA MAGNA

DAS GROSSMÄHRISCHE REICH UND SEINE KUNST

JÁN DEKAN

FOTOS VON
ALEXANDER PAUL SEN. UND JUN.

DAUSIEN

MORAVIA MAGNA: DAS GROSSMÄHRISCHE REICH
Text von Ján Dekan
Fotos von Alexander Paul sen. und jun.
Typographie von Ivan J. Kovačevič
Übersetzt von Helene Katriňáková

© Tatran, Bratislava 1983

Deutsche Ausgabe im
VERLAG WERNER DAUSIEN • HANAU
ISBN 3-7684-1481-7

INHALT

DAS GROSSMÄHRISCHE REICH UND SEINE KUNST

Die Kultur und Kunst des Großmährischen Reiches geht zurück auf eine Entwicklung, die nach der slawischen Landnahme um 400—550 begann, von 830 bis 900 ihre Hochblüte erlebte und 973 mit dem Aufgehen in Böhmen endete.

Eindrucksvolle Zeugnisse der Kultur wie auch des Reichtums liegen aus archäologischen Ausgrabungen vor, die überraschende Funde zutage brachten. Wir wissen daher von ausgedehnten, dichtbewohnten, durch Berge geschützten Siedlungsstätten, allein in Mikulčice wurden bisher die Grundmauern von 11 Kirchen gefunden. Es gab dort profane Bauten und Wohnhäuser aus Stein, zahllose Gräber bargen kostbare Beigaben, und hochentwickelte gewerbliche Tätigkeiten lassen sich für das gesamte Gebiet nachweisen. Die zahlreichen Beispiele des bewundernswerten Kunsthandwerkes geben in unserem Buch ein deutliches Bild der Kultur des Großmährischen Reiches.

Man kann diese kunstgewerblichen Arbeiten rein von ihrer Ästhetik her bewundern, einfach als schöne, vollendete Kunstwerke. Aber es ist auch höchst interessant, sie im Lichte der Erfahrungen des geschichtlichen und kulturgeschichtlichen Hintergrundes zu betrachten, denn sie erschienen nicht unvermittelt, noch waren sie Ergebnisse des Zufalls. Sie stellen vielmehr Ergebnisse eines komplexen synthetischen Prozesses dar.

Dieser Prozeß, der zur großmährischen Kulturhöhe führte, wird auf den Bildtafeln sichtbar gemacht.

Während der großen slawischen Migration war es nicht ungewöhnlich, daß die Bevölkerung ganzer Städte oder ganze Stämme von einem Ort zum anderen wanderten. Daher ist es erklärlich, daß die Ausgrabungsfunde Einflüsse verschiedener

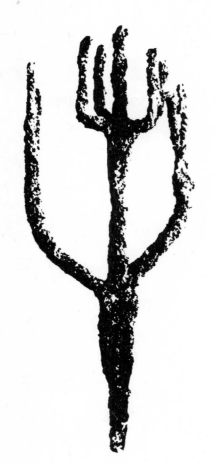

Kulturen aufweisen, neben mährischen auch die solcher Bereiche, die auf der Wanderung berührt wurden.

Natürlich gibt es Einflüsse der antiken griechisch-römischen Zivilisation: Die Ruinen der Militärlager und die Trümmer der römischen Städte in Pannonien und Norikum und das Byzantinische Reich boten hierzu die Berührungspunkte.

Ebenso bestimmten die benachbarten germanischen Stämme wie auch die nomadischen im Osten den Rahmen der mährischen Geschichte.

Die Kunst der pontischen Steppe

Von besonderer Bedeutung waren die engen Beziehungen zu den nordpontischen Stämmen, die sowohl slawische als auch nomadische Elemente aufgenommen hatten. Hierzu gehören die Gürtelbeschläge mit eingeritzter und gehämmerter geometrischer Ornamentik (Abb. 1, 8, 9), die die letzte Entwicklungsstufe eines abstrahierten Tier- und Pflanzenornamentes darstellt. Ein Nachklang antiker Traditionen ist das verschieden stilisierte Flechtornament ebenso wie die Kombination von Metall mit farbigen Glassteinchen. Unter den Schmuckgegenständen der Frauen lenken — neben einfachen, offenen Armreifen — vor allem die Ohrringe die Aufmerksamkeit auf sich (Abb. 10—22). Sie verweisen auf eine byzantinisch-schwarzmeerische Tradition (halbmondförmig erweiterter unterer Bogen, stern- und trommelförmige Anhängsel). Das schönste klassisch-byzantinische Beispiel ist die silberne Schale von Zemiansky Vrbovok mit einer achtblättrigen Rosette am Grund und stilisiertem Rankenornament unterhalb des Randes (Abb. 23).

Die Bronzen des mittleren Donaugebietes

Der Widerstand slawischer Stämme unter der Führung Samos, die Niederlage bei Byzanz im Jahre 626, sowie innere Streitigkeiten und schließlich das Vordringen der Bulgaren bis zur unteren Donau im Jahre 679 ließen völlig neue Machtverhältnisse entstehen, die vor allem die herrschende Dynastie der Kaganen betrafen, denen Byzanz nicht länger den regelmäßigen jährlichen Tribut entrichtete. Wegen des Mangels an schriftlichen Quellen haben wir zwar keine konkrete Vorstellung dieser Ereignisse, um so markanter machen sich ihre Folgen jedoch im Bereich der materiellen Kultur bemerkbar.

Nachdem die Fürsten nicht mehr in Einzelgräbern bestattet werden, verschwinden nicht nur die Garnituren von Goldschmuck und Beschlägen (Abb. 20), es wird auch nach und nach die Verfertigung von gehämmertem Silber durch Bronzeguß ersetzt, der schließlich nicht nur im Karpatenbecken vorherrschend war, sondern auch im angrenzenden Marchgebiet und im Raum der Ostalpen. Der Ursprung dieser Industrie ist bis heute Gegenstand des Streites zwischen den verschiedenen Forschern. Sicher ist jedoch, daß diese Bronzen von ihrer Thematik her in dem ungewöhnlich vielfältigen und heterogenen Erbe des hellenistischen Ostens verankert sind und daß in ihnen deutlich ebenso iranische, frühchristliche und byzantinische Einflüsse in Erscheinung treten (Abb. 27—73). Es handelt sich hier vor allem um Gürtelbeschläge im sogenannten hellenistisch-skythischen Stil der Tierornamentik und um vereinzelte Metallbeschläge mit menschlichen Gestalten darauf. Motive wie das der Nereide (Abb. 58), der Taten des Herakles (Abb. 65), der Eroten auf Leoparden usw. verweisen deutlich auf ein spätes volkstümliches Aufgreifen hellenistischer Kunsttraditionen. Es fehlen hier ebensowenig die spätantiken Motive von Zirkuswettkämpfen (Abb. 64), die Abbildungen von Herrscherhäuptern auf scheibenförmigen Beschlägen wie auch die figürlichen Gestalten nomadisch-samanischen Charakters (Abb. 62). Unter dem Gesichtspunkt der lokalen Tradition ist jedoch die Gestalt des Falkners auf der großen Riemenzunge von Moravský Ján unumstritten am bedeutendsten (Abb. 66). Der vielgestaltige ornamentale Inhalt der gegossenen Beschläge, die im wesentlichen auf einen einzigen Bestandteil der Männerkleidung, auf den Gürtel nämlich, konzentriert waren, betonen nicht nur dessen magische Bedeutung, die ihm bis auf den heutigen Tag in der Volkstradition zugeschrieben wird, sondern auch die privilegierte soziale Stellung des Mannes in der halb patriarchalischen, halb

feudalen Gesellschaft. Demgegenüber verlor der Schmuck der Frauen völlig seine einstige gestalterische Vielfalt; und seine anspruchslose ästhetische Beschaffenheit beschränkte sich forthin auf den Kontrast von vergoldeter Bronze und verschiedenfarbigen Glasperlen (Abb. 67—73). Eine ältere Schicht repräsentierten ringförmige Ohrringe mit Anhängseln von kugelförmigen Perlen am unteren und oberen Bogen. In der zweiten Hälfte des 8. Jahrhunderts waren ovale Ohrringe aus verschiedenartig profiliertem Draht vorherrschend, deren Anhängsel aus Glas überwiegend pyramiden- oder kegelförmig waren. Seltener sind Ohrringe mit einem drei- oder vierkörnigen traubenförmigen Anhängsel mit einer mehrfach s-förmigen Schleife oder Spirale. Die ärmliche Palette der Ohrringe wird kaum vielfältiger durch die stangenförmigen Armreifen und die unauffälligen kreis-, band- oder schildförmigen Ringe, die nur selten mit einer Glasperle verziert sind. Im letzten Drittel des 8. Jahrhunderts herrscht auf den Gürtelbeschlägen wieder ein geometrisiertes Pflanzenornament vor.

Die Entwicklung des mährischen Stils

Der Sturz des Awarenreiches durch das Heer Karls des Großen und die Besetzung Pannoniens durch die Franken führten zu einer vollständigen Änderung der Machtverhältnisse an der mittleren Donau. Zu den einschneidendsten Folgen dieses Wechsels gehört zweifellos der Verfall jener kulturellen Einheit, welche im Karpatenbecken und im angrenzenden Marchgebiet und Niederösterreich durch die Herstellung von Bronzeguß repräsentiert war. In Wirklichkeit ging diese spezifische interethnische Erscheinung des Kunsthandwerks der vorgroßmährischen Zeit nicht mit einem Mal unter. Ihren Nachklängen begegnen wir noch in den ersten Jahrzehnten des 9. Jahrhunderts, wobei schon gegen Ende des voraufgehenden Jahrhunderts die ursprüngliche Pflanzenornamentik der gegossenen Bronzen durch weitere technische und gestalterische Elemente bereichert worden war. Zu den bezeichnendsten Zügen dieser Entwicklung muß man die Tatsache zählen, daß das plastisch durchbrochene Pflanzenornament sich immer mehr nur auf die

Verzierung der großen Riemenzungen und Schnallen beschränkt, während sich bei den seitlichen Beschlägen der Gürtelgarnituren eine deutliche Neigung zur flächigen Dekorativität geritzter Linien feststellen läßt (Abb. 83—87). Ein schönes Beispiel ist etwa die Garnitur von Gürtelbeschlägen aus Šaľa (Grab 152, Abb. 85, 86). Im dekorativen Rahmen der großen zungenförmigen Riemenzunge ist in einer eindrucksvollen neuen Stilisierung das uralte Motiv des Lebensbaumes dargestellt. Aus seinen gegeneinander angeordneten Seitenzweigen wachsen in wechselndem Rhythmus einerseits nicht näher bestimmbare, heteromorphe Blätter hervor, andererseits typische lilienartige Blüten mit zwei graziös gebogenen schlanken seitlichen Blütenblättern und einem spitzen mittleren Blatt. Das Motiv der gegeneinander gebundenen lilienartigen Palmetten schmückt auch das durchbrochene rückwärtige Brettchen der Schnalle, während die übrigen Beschläge nach einer ganz davon abweichenden ornamentalen Konzeption gearbeitet sind. In der Tat geht es hier nicht nur um die Verzierung selbst, sondern auch um die Form der seitlichen Beschläge, bei denen sich in der 2. Halfte des 8. Jahrhunderts zwei grundlegende Varianten herauskristallisierten, die entweder durch zungenförmige oder durch wappenartige, zum Tragen bestimmte Beschläge repräsentiert waren. In beiden Fällen ist bei diesen Beschlägen in konservativer Weise der zweiteilige Aufbau mit der Konstruktion eines Scharniers beibehalten, aber die vorwiegend halbkreisförmigen Anhänger mit ihren sich verringernden Ausmaßen verlieren ihre ursprüngliche Funktion und ergänzen in Wirklichkeit nur die Grundform der zum Tragen bestimmten Beschläge in einem einzigen gestalterischen Ganzen. Dieses Prinzip wird sehr zutreffend auch durch die Exemplare aus Šaľa dokumentiert, deren schlanke, zungenartige Form mit ihrer mäßig verengten Basis völlig ohne Unterbrechung in das kleine halbkreisförmige Anhängsel übergeht. Der zentrale Schmuck auf dem flächig punzierten Untergrund mit engem Rahmen wiederholt das bereits bekannte Bild des Lebensbaumes, diesmal jedoch mit konsequent angewandten Palmettenelementen, der dreiblättrigen Blüte eines Kelches und einer Krone.

Auf den wappenförmigen Lochklappen wird wiederum in vereinfachter Form das Bild der Palmettenblume vom Rücken-

plättchen der Schnalle variiert. Trotz der Verwendung zweier unterschiedlicher Techniken stellen die Beschläge der Gürtelgarnitur von Šaľa somit ein bewundernswert harmonisches gestalterisches Ganzes dar, das ohne Zweifel aus der Werkstatt ein und desselben Meisters hervorgeht.

SASSANIDISCHE UND ISLAMISCHE EINFLÜSSE

Was ferner den Ursprung der palmettenartigen Verzierung auf punziertem Grund angeht, so verweisen die Fachgelehrten hier zu Recht auf die Beziehungen zum sassanidischen und frühislamischen Kunsthandwerk. Fraglich bleibt allerdings der Vermittler. Denn eine ähnliche flächenhafte Ausführung der Palmettenverzierung findet sich schon auf den Gewölberippen der justinianischen Hagia Sophia in Konstantinopel, während das späte Vorkommen persisch-arabischer Dirhems im Karpatenbecken viele Historiker in der Überzeugung bestärkt, daß erst nach der Ankunft der alten Ungarn dem arabischen Handel der Weg hierher geöffnet wurde. Einige Forscher glauben, daß das Heimischwerden dieses neuen Stils mit dem Kreis handwerklichen Schaffens zusammenhängt, innerhalb dessen auch die goldenen Gefäße des weltberühmten Schatzes von Sinnicolaul-Mare entstanden sind. Diese Eventualität darf man auf keinen Fall aus dem Blick verlieren, es ist sogar die Möglichkeit zu erwägen, daß es sich hier um einen Teil des Kaganenschatzes handelt, der zur Zeit der fränkischen Angriffe in den Jahren 791—795 oder etwas später während der Besetzung des Theißgebietes durch die Bulgaren im Erdboden vergraben worden war. Leider erbringt die stilistische und ikonographische Analyse der Schmuckelemente auf den Gefäßen dieses Schatzes keine genügend zuverlässigen Kriterien für seine zeitliche Einordnung, und daher ist diese Frage in der Fachliteratur Gegenstand der gegensätzlichsten Erwägungen. Mit Sicherheit läßt sich nur soviel sagen, daß es sich hier vorwiegend um Motive handelt, die nachträglich aus dem spätsassanidischen Bereich abgeleitet sind, oder aus dem Umkreis, aus dem auch die Anregungen für die flächige Verzierung der Bronzen von Šaľa hervorgingen.

Das Abklingen und erneute Aufblühen dieses ornamentalen Stils bei einer anderen Art von Verzierung fällt jedoch

bereits in die ersten Jahrzehnte des 9. Jahrhunderts. Bei den Fundgegenständen, die aus dem Fürstengrab von Blatnica stammen (Abb. 82), handelt es sich um Palmetten- und Halbpalmettenmuster auf herkömmlichen wappenartigen Beschlägen mit plastisch modellierten Anhängseln in Form von girlandenartig angebrachten Fransen. In Holiare (Grab 778) und in Mikulčice (Grab 821) handelt es sich um eine asymmetrisch verzweigte Ranke, die die gesamte Schmuckfläche der in Form eines Eber- bzw. Pferdekopfes gegossenen Riemenzunge plastisch ausfüllt (Abb. 80, 81). Wenn man von der Ornamentik absieht, erinnern diese Beschläge nicht nur an die im skythischen Kunsthandwerk vorkommenden Protome (Vorstülpungen an Keramikgegenständen), sondern auch zeitweise sehr viel stärker an die sassanidischen Reliefs auf den viereckigen Steinplatten von Damghana. Das Aufleben der alten Tiersymbolik können wir auch auf anderen Beschlägen verfolgen. Beispielsweise finden wir in Mikulčice auf einem durchbrochenen Bronzebeschlag das Bild des mit einer Schlange kämpfenden Greifen (Abb. 79). Der orientalische Ursprung dieser uralten bildnerischen Transkription des ewigen Kampfes zwischen dem Guten und Bösen bestätigt im vorliegenden Fall nicht nur allgemein diese Stilauffassung, sondern auch die Existenz eines weiteren, zweifellos sassanidischen Motivs (Abb. 101). Das Bild der einander zugewandten Pfauen in einem umflochtenen Medaillon, die den stilisierten Lebensbaum bewachen, wurde zwar auch von der christlichen Ikonographie übernommen, aber bei dem Fragment der Riemenzunge von Mikulčice verrät nicht nur das symbolische Bändchen am Hals die orientalische Herkunft, sondern auch die Verwendung von begleitenden Schmuckelementen aus Palmetten auf punziertem Grund.

Das Bemühen, die Palmettenverzierung mit dem plastischen Relief der gegossenen Bronze zu verbinden, führte in vereinzelten Fällen zur Herausbildung ungewöhnlicher Form- und Lichteffekte, größtenteils jedoch wurde dadurch die ursprüngliche ästhetische Wirkung der beiden gewaltsam miteinander verbundenen Bestandteile abgeschwächt. Dies dokumentiert sich deutlich in der durchbrochenen zungenförmigen Riemenzunge von Modrá (Modern, Abb. 96), die in Grab 22

bei einer der ältesten mährischen Kirchen mit rechteckiger Apsis gefunden wurde. Den in einem erhabenen Relief modellierten massiven Rahmen dieser Riemenzunge schmücken abwechselnd runde kleine Bögen und Paare von tropfenförmigen Blättern, die sich jeweils mit dem breiteren Ende berühren. An der seitlichen Kante des Rahmens windet sich eine zusammenhängende Blumenkette, die offensichtlich von einer dreiblättrigen Palmette ausgeht. Das wesentlich verengte innere Feld der Riemenzunge füllen auf durchbrochenem Grund fünf Fransengirlanden aus, die in ähnlicher Weise modelliert sind wie die Anhängsel der Beschläge von Blatnica. Trotz der wechselnden Lichteinwirkung bei einer so gegliederten Oberfläche und dem durchbrochenen Grund des Schmuckfeldes macht das Ganze einen sehr groben Eindruck und bleibt weit hinter der Eleganz der Riemenzunge von Šaľa zurück (Abb. 86). Mehr jedoch als das fragwürdige Ergebnis dieses Eklektizismus interessiert uns das Aufkommen neuer Richtungen.

KAROLINGISCHE ELEMENTE UND SPUREN DER INSULAREN KUNST

Während die Traditionen des Bronzegusses im Ausklingen begriffen waren, künden uns einige importierte Gegenstände den Beginn einer neuen Ära an. Als der tschechoslowakische Kunsthistoriker, der verstorbene Professor J. Cibulka, in der zweiten Hälfte der fünfziger Jahre bei der Untersuchung der Grundmauern der kleinen Kirche von Modrá bei Velehrad zu dem Schluß gelangte, daß in Mähren mit der Einwirkung der irisch-schottischen Missionare gerechnet werden müsse, war kaum einer der Archäologen und Historiker bereit, diese Auffassung zu teilen. Dabei war schon damals eine kleine Gruppe von Denkmälern bekannt, deren dokumentarischer Wert erst später erkannt wurde.

Zu dem der Form nach Überzeugendsten gehört der vergoldete bronzene Gürtelbeschlag aus Hradec bei Prievidza (Priwitz, Abb. 100). Sein Grundschema besteht im wesentlichen aus zwei einander gegenüber angebrachten wappenförmigen Feldern, die durch eine vertikale Querlinie mit drei Öffnungen für Nieten verbunden sind. Die langgezogene viereckige Form erhält der Beschlag nur durch vier einander gegenüber angebrachte Ösen am Rand, die ebenfalls zur Befestigung am Gürtelriemen dienten. Die Verzierung der Wappenfelder bilden äußerst stilisierte Vogelgestalten mit rückwärts gewandten Köpfen, die in der typischen Kerbschnitztechnik gefertigt sind. Bemerkenswert ist auch, daß das Bild des Vogels auf der rechten Seite im Verhältnis zum Bild des Vogels zur Linken um 180 Grad nach rechts gedreht ist.

Beschläge von ähnlicher Gestalt und Grundform sind aus Perugia und Ascoli-Piceno bekannt, und ihr Tierschmuck mit der ausgeprägten Neigung zur Nachahmung eines geometrischen Geflechts verweist ganz eindeutig auf die insularen Einflüsse der irisch-schottischen Kunst, deren bekanntester Repräsentant im bayrischen Donaugebiet der berühmte Tassilo—Kelch von Kremsmünster ist. Der Übergang von der ursprünglichen flächigen Verzierung zur Kerbschnitzerei war durch die stilistische Entwicklung innerhalb der karolingischen Umgebung bestimmt. Im Fall des Beschlages von Hradec kann man schließlich auch Einflüsse der Traditionen des mittleren Donaugebietes in Betracht ziehen. Die Zuordnung der stilisierten Vogelgestalten muß uns jedoch an die in ähnlicher Weise dargestellten Greifen auf der großen Riemenzunge von Šebastovce (Grab 67, Abb. 35—37) erinnern und an die Herleitung beider Bilder aus dem bestimmenden Rhythmus einer geometrischen s-förmigen Ranke. Diese Vermutung ist keineswegs so abwegig, wenn man sich die Beziehungen des bayerischen Fürsten Tassilo zu den alpinen Slawen und den Avaren an der mittleren Donau in Erinnerung ruft.

Der Beschlag von Hradec, der von seiner Typologie her bisher einzigartig auf unserem Gebiet ist, läßt verständlicherweise auch die formal weniger auffallenden Schmuckgegenstände in einem neuen Licht erscheinen. Heute erkennt man bereits allgemein an, daß zu dieser Gruppe der karolingischen oder unter karolingischem Einfluß entstandenen Gürtelverzierungen auch die vergoldeten zungenförmigen Riemenzungen aus Bronze gezählt werden müssen, die aus dem Gräberfeld bei der Kirche von Staré Město (Altstadt) „Na valách" (Grab 223/51) stammen (Abb. 94). Ihre in Kerbschnitzerei ausgeführte Verzierung, bei der zwei miteinander verknotete und verflochtene Schlangenpaare übereinander zwei herzförmige Gebilde

darstellen, steht spätantiken Traditionen sehr viel näher als den insularen Tiermotiven und repräsentiert die Endphase des frühkarolingischen Kunsthandwerks in unserem Bereich. Ebenso problematisch ist der Ursprung der bronzenen schildförmigen, mit einer halbkugelförmigen Ausbuchtung am Ende versehenen Riemenzunge aus Mikulčice (Abb. 93), selbst wenn sie, was die Form betrifft, den uns bekannten Vorlagen entspricht, und das in Bereichen, in denen sich der Einfluß der insularen Kunst geltend machte. Die dachartig gewölbte Oberseite dieser Riemenzunge jedoch ist mit tiefen, in Dreieckform sich verzweigenden Rillen verziert, die mit dem insularen Stil nichts gemeinsam haben. Deshalb kann man voll mit der Ansicht von J. Poulík übereinstimmen, daß es sich hier um ein Erzeugnis eines einheimischen Handwerkers handelt, der an der Grenze zwischen dem 8. und 9. Jahrhundert sehr wahrscheinlich noch die letzten kontinentalen Erzeugnisse der irisch-schottischen Werkstätten kannte. Dieser Schluß wird schließlich auch durch das übrige Begleitmaterial aus dem Grab 108 nahe der 2. Kirche von Mikulčice bestätigt, in dem selbst die zu einer späten Schicht des Bronzegusses an der mittleren Donau gehörenden Gegenstände nicht fehlen.

Auf frühe kulturelle Kontakte mit dem karolingischen Bereich verweisen auch weitere Beschläge mit Kerbschnitzornamentik, so etwa aus Modrá, Staré Město oder aus Pohansko bei Břeclav (Lundenburg). Auch wenn es sich hier um Beschläge verschiedener Gestalt und Funktion handelt, so verbindet sie in der Verzierung außer der verwendeten Technik auch das gemeinsame Prinzip eines symmetrischen Kompositionskanons und ein extrem geometrisiertes Ornament. Bei den Riemenzungen aus Modrá (Grab 22) und Pohansko (Siedlungsschicht), sowie auch bei dem ovalen Durchziehring aus Staré Město (Grab 114/51, Abb. 97 oben) liegt der Ausgangspunkt des Ornaments gerade in der Mitte des Schmuckfeldes, und aus diesem zum Teil auch bildnerisch betonten Zentrum erwachsen dann nach entgegengesetzten Richtungen hin sich spiralenartig entrollende Kelche und herzförmige Ranken, gelegentlich auch andere geometrische Motive. Im Unterschied dazu erinnert das mit Palmetten verzierte Anthemion bei der Riemenzunge von Staré Město aus dem Grab 190/50 (Abb. 97 unten) eher an

einen stilisierten Lebensbaum. Selbst die Kerbschnitzarbeit verliert hier an Tiefe und Schärfe, die Formen werden abgerundet, und nur die Gesamtgestalt und die Art seiner Befestigung am Gürtelriemen verbinden auch diesen Beschlag mit den vorherigen. Von grundlegender Bedeutung ist für uns jedoch die Tatsache, daß es sich in all diesen Fällen um erste gestalterisch greifbare Kontakte unseres Gebietes mit dem karolingischen Bereich handelt, und dies selbst ungeachtet der Tatsache, wann die einzelnen Gegenstände in Wirklichkeit in das Grab gelangten. Ihr seltenes Vorkommen auf unserem Gebiet zeugt nicht nur von dem verlöschenden Einfluß der irisch-schottischen Mission in Mitteleuropa, sondern ist gleichzeitig auch ein Beleg dafür, daß die politische Orientierung unserer Vorfahren an der Wende vom 8. zum 9. Jahrhundert noch keine feste Gestalt angenommen hatte.

DER BLATNICA - HORIZONT

Zu einem radikalen Wechsel kommt es jedoch bereits in den folgenden Jahrzehnten im sogenannten Blatnica-Mikulčice-Horizont. Es geht hier nicht nur um die Aufnahme neuer Anregungen oder um die Übernahme fertiger Ideen und Stilvorstellungen. Der mährisch-slawische Handwerker übernahm aus dem ornamentalen Reichtum der karolingischen Kunst nur das, was seinem eigenen ästhetischen Empfinden und seinen Traditionen entsprach. Gleichzeitig kann man sich jedoch auch davon überzeugen, daß in der Realisierung des eigenen künstlerischen Ausdrucks ein gewisser Unterschied zwischen Mähren und dem Nitra (Neutra) des Fürsten Pribina besteht. Der Stil des Bronzegusses war in der Slowakei viel tiefer verankert als in Mähren, und das findet verständlicherweise auch in der weiteren Entwicklung seinen Ausdruck.

Eine Schlüsselstellung für das Verständnis dieser Entwicklungstendenzen nimmt in der Slowakei die Gruppe von Denkmälern ein, die aus dem Fürstengrab von Turčianska Blatnica stammen. Von deren sogenannter „awarischer" Komponente war schon weiter oben die Rede. An dieser Stelle haben wir uns also mit der sogenannten karolingischen Komponente zu beschäftigen. Das zweifellos erstrangige Interesse gebührt hier einem bemerkenswert verzierten Prunkschwert (Abb. 88).

Der Knauf, der Griff und die Parierstange sind aus vergoldetem Bronzeblech und sind darüber hinaus mit einer silbernen Tausierung verziert. Auf dem Griff sind vertikale Reihen von flächigen Ovalen aus silbernen gehämmerten Streifen mit zwei Schleifen aus Silberbändern durchflochten, während der Zwischenraum zwischen der so entstandenen ornamentalen Grundlinie von achtzackigen Sternen ausgefüllt ist, die den Eindruck der Kerbschnitztechnik erwecken. Schließlich fügen sich auch die ebenmäßig angebrachten Nietenköpfe in die Gesamtkonzeption der Verzierung ein und tragen in nicht geringem Maße zu ihrer farblichen und plastischen Wirkung mit bei. Über der Parierstange und unterhalb des Knaufs ist der Griff von einem Gürtel länglicher menschlicher Masken umschlungen, und zwar von größeren und kleineren im parataktischen Rhythmus. Mit kleineren Veränderungen wiederholt sich dieses geometrische Schema auf den Querstangen des Knaufs und des Griffs, während bei dem mit drei Ausbuchtungen versehenen Knauf selbst neben einem zentralen Streifen aus konkaven Rhomboiden nur schmale Schleifen mit endlos verbundenen s-förmigen Spiralen erwähnenswert sind. Diese reiche, sich gegenseitig überdeckende geometrische Ausschmückung beeindruckt also nicht nur durch ihre Farbigkeit und die Lichteffekte; sie erweckt darüber hinaus auch die Illusion eines irgendwie gearteten Flechtmusters. Es kann daher nicht verwundern, daß es in Europa nur eine einzige Analogie in dem Schwert aus dem norwegischen Vaage gibt. Daher waren beide Exemplare — nach den Ergebnissen der breit angelegten komparatistischen Untersuchung von H. Arbman — einheimische Nachahmungen prunkvoller karolingischer Vorlagen.

INSPIRATIONEN AUS DEM ADRIATISCHEN BEREICH

Uns jedoch interessiert mehr als die außergewöhnliche Stellung des Schwertes von Blatnica im europäischen Kontext der Platz, den es innerhalb der heimischen Umgebung einnimmt. Unter diesem Gesichtspunkt kommt vor allem nur ein Element der Verzierung in Betracht, nämlich das Motiv der menschlichen Masken, die im Norden gewöhnlich durch Tiermasken ersetzt sind. Ähnlich wie andere ornamentale Elemente ist auch dieses in der Geschichte des europäischen Kunstschaffens keine

Neuschöpfung. Menschlichen Masken als wichtigstem Schmuckmotiv begegnen wir schon in der italienischen Lombardei. Hier kommen sie nicht nur auf den Querbalken der typisch griechischen Kreuze (mit gleichen Balken) vor, wo sie vielleicht die vier Evangelisten symbolisieren, sondern auch auf profanem Schmuck. In den Sammlungen des Christlichen Museums von Brescia befindet sich zum Beispiel eine bronzene Plakette in Form einer Scheibe, deren Randverzierung ausschließlich zwanzig auf die Mitte hin orientierte menschliche Masken bilden, die der Form nach denen entschieden nahestehen, die sich auf der vergoldeten Phalere an einem Pferdehalfter aus Žitavská Tôň (Grab 10) befinden (Abb. 99). Und da diese Phalere im späten Horizont des Bronzegusses eine gänzliche Ausnahme und einen fremdstämmigen Ausdruck darstellt, ist nicht ausgeschlossen, daß auch ihr Ursprung im Süden gesucht werden muß. Zwischen ihr und dem Schwert von Blatnica gibt es allerdings keinen direkten Zusammenhang. Beide verbindet vielleicht nur die Tatsache, daß sie zusammen mit anderen Gegenständen beim Heimischwerden des erwähnten Motivs in unserem Bereich mitgewirkt haben. In einem weiteren Rahmen stellen auch die figuralen Motive auf zwei kreuzförmigen Beschlägen und zwei schlüsselförmigen Riemenzungen des Pferdegeschirrs von Blatnica (Abb. 82) eine Verbindung zum erwähnten langobardischen Bereich dar. Auch die spiegelartige Anordnung des viereckigen Schmuckfeldes und die ausgestreckten Arme der von vorn modellierten menschlichen Gestalt haben eine frappierende Ähnlichkeit mit Beschlägen aus langobardischen Gräberfeldern des 7. Jahrhunderts von Nocera Umbra und Mazzoglio. Während es sich jedoch dort um eine flächenhafte Verarbeitung des Themas in Niellotechnik handelt, haben wir es bei den Funden von Blatnica mit einer plastischen Reliefverzierung zu tun, wie sie den Traditionen des Bronzegusses entspricht.

DER STIL VON MIKULČICE

Die umformende Kraft des einheimischen Bereichs und der Geschmack unserer Vorfahren kommen jedoch am eindrucksvollsten in einer Gruppe von Denkmälern, die den Stil des Kunsthandwerks von Mikulčice repräsentieren, zum Ausdruck.

Ein analythisches Eingehen auf diesen Begriffsinhalt würde sehr wahrscheinlich ergeben, daß fast jedes Merkmal, mit dem wir ihn definieren wollten, — die Technik, die Form, die ornamentalen Motive — sich von spezifisch karolingischen Formen der spätantiken Kunst ableiten läßt. Und dennoch würde eine noch so genaue Aufzählung solcher analythischer Teilkenntnisse uns nicht dazu verhelfen, das Wesentliche dieses Stils in seiner künstlerischen und gesellschaftlichen Gesamtheit zu verstehen. Tatsächlich ist es nämlich so, daß trotz der fehlenden Originalität der einzelnen formalen und ornamentalen Bestandteile des frühmährischen künstlerischen Ausdrucks diese sich nirgendwo sonst zu einem so neuen und harmonischen Ganzen zusammengefügt haben wie gerade hier. Stark vergoldete Sporen (Abb. 89) mit parabolisch geformten und in Kassettenform gegliederten Bügeln und mit einem walzenähnlichen, kegelförmig zugespitzten Sporn und mit verbreiterten, meist zungenförmigen Befestigungsplättchen geben zwar den karolingischen Typ von Sporen wieder, aber nirgends sonst finden wir sie mit Masken oder Halbpalmetten verziert. Und dabei handelt es sich hierbei nicht um eine zufällige Erscheinung, sondern um einen künstlerischen Akt, der konzipiert und durchdacht war. Denn dieselbe Kombination von menschlichen Masken mit spitzblättrigen Halbpalmetten und schrägem Kreuz ist regelmäßig bei der gesamten Garnitur männlichen Schmucks durchgeführt, an den Sporen, auf den Riemenzungen, auf den Schnallen und Durchziehringen, wie die Funde aus dem Grab 44 nahe der 2. Kirche von Mikulčice und aus dem Grab 50 bei der mit zwei Apsiden versehenen Rotunde belegen (Abb. 90, 91). Kein unsicherer Eklektizismus also, sondern ein integriertes schöpferisches Werk. Im Grab 44 fanden sich bei diesen Beschlägen überdies noch zwei vergoldete gehämmerte Knöpfe mit auffallender Palmettenverzierung, die auf punziertem Hintergrund in einen herzförmigen Mäander eingezeichnet war (Abb. 92). Die Herkunft einer solchen Ornamentik wird zu Recht mit dem letzten Horizont des Bronzegusses an der mittleren Donau in Verbindung gebracht. Wenn es also seinerzeit Erstaunen erregte, daß so typisch großmährische Schmuckgegenstände wie Knöpfe, die bisher traditionsgemäß in die zweite Hälfte des 9. Jahrhunderts datiert wurden, unerwarteterweise gemeinsam

mit frühem mährischem Schmuck vorkamen, so ist heute ihre
richtige Datierung und ihre unmittelbare Verbindung mit den
wappenförmigen gegossenen Beschlägen des Typs von Blatnica
nicht mehr nur theoretische Vermutung, sondern nüchterne
Realität, sachlich belegbar durch die neueren Funde von
Mikulčice.

Jedoch ist damit der Bereich der frühmährischen Denkmäler des spezifisch Mikulčiceschen Stils bei weitem nicht erschöp-
fend erfaßt. Erstaunlicherweise fehlt in diesem Horizont eine
ausgeprägtere Repräsentation von Frauenschmuck, der erst in
der zweiten Hälfte des 9. Jahrhunderts den Höhepunkt seiner
Entwicklung erreicht. Dieser Mangel wird jedoch voll durch die
ungewöhnlich massiv gegossenen Riemenzungen aus Bronze
ausgeglichen, die eine sehr eigene Form haben und in ihrer
Verzierung geradezu eine Antithese zu den einstigen schmalen
Riemenzungen an den nomadischen Gürteln darstellen. Es ist
gerade so, als ob die gesamte politische Einstellung der alten
Mährer sich auf dieses einzige, zu Materie gewordene ideell-
künstlerische Symbol konzentriert hätte.

Selbstverständlich stammen nicht alle bisher bekannten
massiven Riemenzungen aus dem frühen Mikulčice-Horizont.
In diesen Zeitabschnitt fällt nur ihr Entstehen und ihr erstes
Vorkommen. Aufgrund der Fundumstände und zum Teil auch
stilistischer und ikonographischer Kriterien reihen wir hier
beispielsweise die silberne, vergoldete Riemenzunge aus dem
Grab 100 nahe der 2. Kirche von Mikulčice ein (Abb. 102, 103).
In ihrer kurzen und breiten zungenartigen Form spiegeln sich
zweifellos karolingische Einflüsse wider, wie ähnlich auch in den
fünf Nietenköpfen, die auf der Rückseite in Kränzchen von
Perldrähten eingesetzt sind. Im Gegensatz dazu kann man es
nicht als eindeutig erwiesen ansehen, daß die gebogene Rand-
einfassung der Vorderseite, die mit dick gegossener Granulation
verziert ist, von den zungenförmigen Riemenzungen des jüng-
sten awarisch-slawischen Horizonts abgeleitet sind. Die fünf
plastisch hervortretenden, mit Niello geschmückten, rautenför-
migen Blätter am Rand des Rahmens, die so auch bei anderen
Riemenzungen vorkommen, zwingen uns zu anderen Überle-
gungen. Es scheint zwar, — und zu diesem Gedanken führt auch
die ungewöhnliche Dicke der Riemenzungen, — daß dem

Meister, der sie schuf, andere Vorlagen vorschwebten. Auch wenn diese Riemenzungen meistenteils aus einem Stück gegossen waren, so kennen wir auch hohle Exemplare; in einem Fall wurde sogar der aus Almandin bestehende Kern einer prunkvollen goldenen Riemenzunge als Schrein für das sogenannte Blut Christi benutzt (Abb. 117). Daher ist es nicht ausgeschlossen, daß die plastisch so sehr hervorgehobenen Blattformen an beiden Seiten unserer Riemenzungen nur die Befestigungsplättchen der kleinen Angeln imitieren, mit denen ursprünglich zweiteilige Reliquiare verschlossen wurden. Eine solche Erklärung würde nicht nur die stilistische Genese dieser Riemenzungen, die nicht länger als hybride Formen gelten würden, wesentlich vereinfachen. Sie gäbe vielmehr auch einen Hinweis auf den Ursprung der meisten eingeritzten figuralen Motive, die sich auf der flachen Seite dieser Riemenzungen befinden.

In einigen Fällen ist der gegenseitige Bezug zwischen der symbolischen Bedeutung der auf den beiden Seiten der Riemenzungen verwendeten Bildmotive ganz offensichtlich, in anderen Fällen ist es uns noch nicht gelungen, diesen zu enthüllen; er ist Gegenstand weiterer Forschungen. Im gerade diskutierten Fall gibt es keinen Grund dafür, die Verzierung der Vorderseite der Riemenzunge im Widerspruch zu der der Rückseite zu sehen (Abb. 102, 103). Ob es sich um das typische Maskenmotiv im oberen Teil des Schmuckfeldes handelt oder um die Form eines Auges im unteren Teil: beide Motive sind bedeutungsmäßig verknüpft mit der Gestalt des Oranten auf der Unterseite der Riemenzunge. Wenn die Vorlage für diese Gestalt sich tatsächlich auf einem Reliquiar befunden hat, dann stellt der abgebildete Orant mit dem stilisierten Nimbus um das Haupt und mit dem gleicharmigen griechischen Kreuz auf der Kasula zweifelsohne einen betenden Heiligen dar, und er verweist in seiner gesamten gestalterischen Konzeption auf den koptisch-byzantinischen Bereich. Möglicherweise gelangten diese bildnerisch so entfernten Motive unmittelbar durch die Missionstätigkeit des Patriarchats von Aquileja in unseren Raum. Im übrigen sind unter den Grabbeigaben eines etwa sechsjährigen Jungen außer Durchziehringen noch zwei Silberspangen in Gestalt zweier kleiner Vögel und zwei Silberknöpfe mit Palmettenverzierung und netzartig gegliederter Oberfläche bemerkenswert.

Nicht weniger interessant ist auch die Verzierung der vergoldeten bronzenen Riemenzunge aus dem beschädigten Grab 240 nahe der Apsis der dreischiffigen Basilika von Mikulčice (Abb. 104, 105, 180). Ihre auffallend gegliederte Vorderseite, die in Kerbschnitzerei mit hohem Guß gearbeitet ist, ist rings um den Rand herum mit einem schematisierten Pflanzenornament verziert und mit vermutlich farbigen Glasblumen, von denen heute nur noch kleine kreisförmige Vertiefungen geblieben sind. Ähnlich wie im vorherigen Fall erscheinen auch hier an der Umrandung deutlich symbolische Befestigungsplättchen, während die Mitte des Schmuckfeldes vom stilisierten Bild eines von oben gesehenen Frosches ausgefüllt ist. Die Kombination von Metall und farbigem Glas, wie auch das ornamentale Motiv des einem Frosch ähnelnden Tieres, das nach der Feststellung des Akademiemitglieds Poulík sich auch am Reliquiar von Gandersheim findet, verweist ganz eindeutig auf den Westen. Die Gestalt des Mannes mit der Standarte in der rechten und dem Trinkhorn in der linken Hand, die bewußt vereinfacht auf der Rückseite eingeritzt ist, stellt zweifellos einen Fürsten mit den typischen Attributen der Herrscherwürde und der biblischen Salbung dar. Es handelt sich hier somit um eine Symbolik, die in der typischen Umgebung eines Fürsten durchaus nicht zufällig ist.

Ein buntes Mosaik von Impulsen verschiedenster Herkunft, die bereitwillige Aufnahme aller positiven Werte, aber zugleich auch ein kompromißloses Abwägen ihres tatsächlichen Gewinns für die Entwicklung der eigenen Kultur — das ist das Bild Mährens zur Zeit Mojmirs vor der Regierung Rastislavs und vor dem Beginn der byzantinischen Missionierung.

Die großmährische Synthese

Die Funde, die das Stamminventar des großmährischen Kunsthandwerks bilden, kommen größtenteils im Verlauf des ganzen 9. Jahrhunderts vor, einige auch in der ersten Hälfte des 10. Jahrhunderts. Wenn wir im voraufgegangenen Kapitel also unsere besondere Aufmerksamkeit der schmalen Palette von Denkmälern des Mikulčiceschen Stils gewidmet haben, dann

vor allem deshalb, weil sie außer einigen stilistischen Merkmalen chronologisch den künstlerischen Ausdruck unserer Vorfahren vor dem Beginn der byzantinischen Missionierung in Mähren bestimmen. In Wirklichkeit jedoch gibt es im formalen Bereich keine scharfe Trennungslinie zwischen diesen Denkmälern und denen, die mit Sicherheit aus der zweiten Hälfte des 9. Jahrhunderts stammen. Nur die Verwendung sogenannter karolingischer ornamentaler Elemente wird durch die anderer ersetzt.

DAS ERSTARKEN DER BYZANTINISCHEN EINFLÜSSE

Ein klassischer Beleg sind auch die massiven Riemenzungen der Gürtel. So zum Beispiel ist bei der großen silbernen Riemenzunge (Abb. 111, 112) aus dem Umkreis der dreischiffigen Basilika genau das bildnerische Schema der Riemenzunge mit dem betenden Heiligen wiederholt (Abb. 102, 103). Auf der Vorderseite begegnen wir ebenfalls wieder der reliefartig gewölbten breiten Randleiste und dem unterteilten mittleren Schmuckfeld mit einem doppelten Perlenband auf den beiden Hälften. Nur die Zahl der zur Befestigung dienenden Nieten ist von fünf auf sieben erhöht und in Übereinstimmung damit auch die Zahl der verzierten Befestigungsplättchen am Rand. Und der byzantinisch-orientalische Ursprung der verwendeten ornamentalen Elemente tritt hier noch mehr in den Vordergrund. Der dekorative Mantel des umgebenden Rahmens, der stereotyp ein und dasselbe Motiv einer halbkreisförmigen Verzierung mit nach innen gebogenen Schleifen wiederholt, ist in Kettenfiligrantechnik verfertigt. An seiner orientalischen Provenienz kann kein Zweifel bestehen, und in genau derselben linearen Form finden wir ihn auch auf den scheibenförmigen Spangen aus dem langobardischen Gräberfeld von Castel Trosino. Ebenso ist auch die symbolische Bedeutung des zentralen Ornaments in Form von Zweigen bekannt, das kennzeichnenderweise im Spiegelbild ausgeführt ist. Auf der rauhen, gepunkteten flachen Seite der Riemenzunge harmoniert damit in vollkommener Weise der stilisierte Lebensbaum mit symmetrisch angeordneten Palmettenzweigen, der in einen aus zwei Schleifen geflochtenen Rahmen eingelassen ist.

Zu einer Unterbrechung dieses Grundschemas kommt es

jedoch schon bei den prunkvollen Riemenzungen aus dem Grab 490 an der dreischiffigen Basilika von Mikulčice (Abb. 113) und aus dem Grab 96/AZ in Staré Město bei Uherské Hradiště (Abb. 116). In beiden Fällen fehlt auf der Vorderseite der Riemenzunge die massive Randleiste, jedoch ist hier die einzige Verzierung durch eingesetzte Halbedelsteine bereichert. Auch die enge semiotische Verbindung zwischen der Verzierung der Vorder- und Rückseite der Riemenzunge ist verschwunden. Was ferner die individuellen Züge betrifft, so ist die hohle Riemenzunge aus Mikulčice aus dünnem Silberblech hergestellt, und ihre Vorderseite ist von einem dichten Netz aus fein verflochtenen Silberdrähten bedeckt. Diese netzartige Verzierung wurde am Rand von einem etwas breiteren durchbrochenen Band eingefaßt, und gleiche Streifen führten vom Rand zum idealen Mittelpunkt einer rosenartigen undurchsichtigen Glasperle, die farblich die Dominante der Verzierung bildete, welche im zungenförmig abgerundeten Teil der Riemenzunge noch von kleineren ovalen Karneolen ergänzt wurde. Die kleine, primitiv eingeritzte Gestalt eines vierfüßigen Tieres auf der Oberfläche der Glasperle gehörte wohl kaum zu dem ursprünglichen Schmuck, denn sie stört wesentlich die bildnerische Konzeption des unbekannten Künstlers, der gerade um einen kontrastiven Wechsel zwischen den unruhigen Lichteffekten auf der Netzfläche und dem ruhigen Ton der zentral angebrachten Steine bemüht war. Daß es sich hier tatsächlich um ein sorgsam durchdachtes und folgerichtig zur Geltung gebrachtes Prinzip handelte, beweist auch die Tatsache, daß auf der Unterseite des Karneols — wie sich bei einer Untersuchung der Riemenzunge im Labor herausstellte — die Gestalt des Merkur eingeritzt war, die nicht nur vom antiken Ursprung des Steines zeugt, sondern zugleich von der bewußten Ablehnung dieser Einritzung zum Zweck des Schmuckes. Die Technik der netzartigen Verzierung allein war allerdings in Mähren nicht ungewöhnlich, denn wir finden sie auch auf den sogenannten mit doppeltem Mantel versehenen Knöpfen und Ohrringen (Abb. 128, 129). Es handelt sich hier mit Sicherheit um das Erzeugnis eines lokalen Meisters, auf den auch die Gestalt des Oranten (eines mit erhobenen Händen Betenden) auf der punzierten Unterseite der Riemenzunge von Mikulčice hinweist (Abb. 114). Teils einge-

ritzt, teils gehämmert sind bei dieser Gestalt Details abgebildet, wie wir ihnen bisher noch nicht begegnet sind. Ein glockenförmig ausschwingender, zweifach mit einem Gürtel umschlungener Umhang zusammen mit breiten, unterhalb des Knies hochgeschürzten Hosen in weichen Stiefeln erinnern an die ukrainische Volkstracht; und Dr. Josef Poulík vermutet wohl zu Recht, daß es sich hier um die Tracht unserer altmährischen Vorfahren handelt, wie sie aus dem weiteren Kreis der slawischen Traditionen erwuchs.

DIE VERSCHMELZUNG FREMDER EINFLÜSSE

Ursprung und Stil der silbernen Riemenzunge von Staré Město (Abb. 116) sind schon seit einigen Jahrzehnten Gegenstand verschiedenartigster Erwägungen. Zuletzt befaßte sich T. Capelle genauer damit und gelangte zu dem Schluß, daß sich in ihrer mit Filigran und Cabochon verzierten Vorderseite karolingische Traditionen widerspiegeln, während das teils geritzte, teils eingepreßte Palmettenornament auf der punzierten Rückseite den silbernen Platten (Abb. 115) altungarischer Taschen nähersteht. Setzt etwa diese stilistische Gegensätzlichkeit der Verzierung in Wirklichkeit auch zwei unterschiedliche Quellen der Inspiration voraus? Bei der Beantwortung dieser Frage muß man notwendig vom synkretistischen Charakter der karolingischen Kunst ausgehen, die sich nicht nur auf die Erneuerung antiker Traditionen beschränkte. Betrachten wir zum Beispiel unter diesem Gesichtspunkt den Rückendeckel eines im Kloster von St. Gallen aufbewahrten Reliquiars. Die in der Mitte angebrachte Elfenbeinplatte mit dem eingeritzten Bild der Majestas Domini, das als ein Werk des Mönches Tutilo betrachtet wird, ist in einen gehämmerten Rahmen aus Silber eingelassen, dessen Verzierung in erstaunlicher Weise an das Grundschema der Ornamentik auf der Riemenzunge von Staré Město erinnert. Die Gruppe von fünf in ein viereckiges Feld eingesetzten Cabochons wechselt mit gekreuzten Palmenblättern ab, und diese dominierenden Elemente werden noch von winzigen geometrisierten Rankenmotiven aus dünnen Drähtchen ergänzt. Es fehlt nur die typische Punzierung, die mit einem Schlag dem gesamten Rahmen einen eindeutig orientalischen Charakter verleihen würde. In der Tat ist bei diesem

Rahmen auch das östliche Motiv der gekreuzten Palmenblätter in der karolingischen Technik der Schmuckverfertigung ausgeführt. Im Gegensatz dazu sind die lyraförmigen, kelchartigen und halbkreisförmigen Ornamente mit nach innen gedrehten Schleifen auf der Vorderseite der Riemenzunge von Staré Město in Kettenfiligrantechnik angefertigt und bilden für die symmetrisch eingesetzten Halbedelsteine eine ausgesprochen orientalisierende Umgebung, die keineswegs im Gegensatz zu der stilistisch harmonierenden Ornamentik der Unterseite steht. Auch im vorliegenden Fall handelt es sich also nicht um eine bloße Kopierung zweier Vorlagen verschiedener Herkunft, sondern um die Vereinigung zweier unterschiedlicher ornamentaler Prinzipien auf einer neuen Empfindungs- und Ausdrucksebene. Und daß dies dem unbekannten Künstler gelungen ist, daran kann man kaum ernsthaft zweifeln.

IMPORTIERTE KUNSTGEGENSTÄNDE UND STILELEMENTE

Während wir zwar bei den bisher behandelten Funden mit verhältnismäßiger Sicherheit ihren einheimischen Ursprung feststellen konnten, läßt sich das bei einer kleinen Gruppe von Denkmälern, die nach Form und Technik fremden Ursprungs und in der hiesigen Umgebung nicht verankert sind, nicht sagen. K. Benda hat zwar vermutet, daß die mit Email verzierte Riemenzunge von Pohansko (Grab 253) als ein einheimisches Werk eingeschätzt werden kann. Hierbei ließ er sich allerdings von der formalen Verwandtschaft dieser Riemenzunge mit dem vergoldeten Silberreliquiar in Form eines Meßbuches verleiten, das im Grab 505 nahe der dreischiffigen Basilika von Mikulčice gefunden wurde (Abb. 110). Während jedoch bei der Verzierung dieses Reliquiars in reichem Maße Granulation und Filigran verwendet ist und sie völlig den einheimischen Traditionen des Schmuckhandwerks entspricht, muß man den Ursprung der zellenförmigen, gefächerten Emailverzierung auf der Riemenzunge von Pohansko dort suchen, wo sie in jener Zeit am meisten entwickelt war, nämlich in Südfrankreich und vor allem im Rheinland.

Über die Richtigkeit dieses Schlusses hinaus überzeugt uns auch der unzweifelhaft karolingische Ursprung der Garnitur

vergoldeter Beschläge und der silbernen, vergoldeten Dolch-scheide, die im Grab 23/48 in Staré Město „Na valách" gefunden wurde. Von entscheidender Bedeutung ist darunter vor allem der kufenförmige Beschlag der Scheide. Mit drei Blättern versehene Ecken und ferner vierblättrige gehämmerte Rosetten wechseln hier mit einem dreifarbigen Emailmedaillon ab, das eine stilisierte Vase mit zwei Blumen darstellt. Auch wenn es sich bei dem Bild in der Technik des gefächerten Emails um eine völlig vereinzelte Erscheinung handelt, so haben wir doch für die Form der vierblättrigen Rosetten zahlreiche Analogien in der frühkarolingischen Elfenbeinschnitzerei, die aus den Werkstätten des höfischen Kunsthandwerks hervor-ging.

Zu den klaren Importen muß auch die einmalige goldene Riemenzunge eines Gürtels gezählt werden, die in der Erde des vor langer Zeit ausgeraubten Grabes nahe der dreischiffigen Basilika von Mikulčice gefunden wurde (Abb. 117). Ihr dominierendes Element ist zweifellos der sorgfältig geschliffene, dunkelrote Almandin, der mit lilienförmigen Befestigungszäh-nen und ringsherum mit granulierten kleinen Pyramiden in die goldene Einfassung eingelassen ist. Den hinteren Teil zieren zwei mit dünnen Drähten verbundene Kränze aus echten Perlen, was schon für sich genommen darauf hinweist, daß der ehemalige Besitzer dieser prunkvollen Riemenzunge dem Kreis der Fürsten in der großmährischen Gesellschaft angehörte. Die Technik, in der sie verfertigt ist, und ihre ungewöhnliche Form lassen erkennen, daß es sich hier um einen tatsächlichen Import aus Byzanz handelt.

In demselben Gräberfeld, im Grab 433, fand sich auch eine sehr viel einfachere Variante einer Riemenzunge mit einer Gemme (Abb. 120). Die glatte und wieder nach innen gekehrte Seite der Gemme, die in die kleine silberne Riemenzunge eingesetzt ist, verbarg jedoch eine nicht geringe Überraschung für den neugierigen Forscher. In einem fein geritzten Bild waren drei verschiedene Köpfe, die unter je verschiedenem Blickwin-kel in Erscheinung traten, zu einem Ganzen vereinigt. Die Identität des Männerkopfes mit Bart mit dem olympischen Herrscher Zeus wird schon durch das ausdrucksvoll heraus-gearbeitete Haupt seines heiligen Vogels, des Adlers, bestimmt.

Die Identität des dritten Profils mit dem Selbstbildnis des berühmtesten antiken Bildhauers Phidias konnte mit Hilfe der einzigen erhaltenen Kopie des Schildes der Athene Parthenos ermittelt werden, von dem wir wissen, daß der Künstler in ihn sein eigenes Portrait hineinschmuggelte, denn diese Tatsache des „heiligen Raubs" war in der Folgezeit der Hauptpunkt seiner Anklage und Inhaftierung. Die Übereinstimmung der beiden Portraits bestätigte nur die erregte Erwartung der klassischen Archäologen, die auch durch den in lateinischen Initialen geschriebenen Namen *Phidias* hervorgerufen war. In der Tat hatten unsere Vorfahren nicht nur eine Ahnung vom außergewöhnlichen Wert dieser spätantiken Einritzung, und deshalb kann man es ihnen nicht verübeln, wenn sie sie verdeckten. Daß sie jedoch auch die frei gewordenen Gemmen aus antikem Schmuck funktionsgerecht zu nutzen wußten, das wird durch ein Anhängsel aus dem Grab 3 in Modrá bei Velehrad bezeugt (Abb. 118). In eine silberne Chatonfassung mit Öse und lyraförmigem Filigranornament auf der Rückseite ist eine karneolfarbene Gemme eingelassen, auf der nach hellenistischer Art ein Erote, der sich einem Hahn zuwendet, eingeritzt ist.

EINHEIMISCHE KUNSTGEGENSTÄNDE

Zu den vorrangigen Aufgaben der modernen Kunstwissenschaft gehört es, den Bezug zwischen dem Kunstschaffen und dem Milieu und der Ideologie der Gesellschaft aufzudecken, und dies wird oft bei der Entwicklung der monumentalen Kunst dargelegt. Leider gewähren uns weder die freigelegten Grundmauern großmährischer sakraler und profaner Bauten (Abb. 179—186) noch die erhalten gebliebenen Fragmente von Wandmalereien die Möglichkeit eines direkten visuellen Kontaktes mit diesem Bereich der Kunst, auch wenn sie seine Existenz unleugbar bezeugen. Die idealen Rekonstruktionen dieser Bauwerke können niemals ihre ehemalige Form ersetzen, so sehr sie auch aus genauen Kenntnissen der verwendeten Modulen, der Konstruktions- und Bauprinzipien hervorgegangen sein mögen, ebensowenig wie die ideale Vorstellung eines Menschen niemals mit dem Bild der konkreten Persönlichkeit identisch sein kann. Wir kennen zwar den Typus und auch den wahrscheinlichen Ursprung der einzelnen Bauwerke, in keinem Fall jedoch ihr wirkliches Aussehen, welches ja ein nicht ersetzbarer Bestandteil jeder künstlerischen Struktur ist. Lassen wir also das, was die Zeit selbst unwiederbringlich verweht hat, fürs erste beiseite, und lassen wir die Denkmäler zu Wort kommen, die dem Zahn der Zeit widerstanden haben.

Unter diese kann man mit Sicherheit auch die kleinen Kreuze einreihen, sofern sie unter künstlerischem Gesichtspunkt mehr bedeuten, als daß sie nur den christlichen Glauben der Beerdigten belegen. Wenn der kreuzförmige Beschlag aus Bronzeguß, der im Areal der 5. Kirche von Mikulčice gefunden wurde (Abb. 123), tatsächlich von einem Pferdegeschirr stammt, wie die Öffnungen für Nieten es anzeigen, dann gehört er trotz seiner Form nicht zu den religiösen Kultgegenständen. Auch seine reliefartige Maskenverzierung muß nicht notwendig mit einer solchen Motivierung zusammenhängen, denn einer Maskenverzierung begegnet man ebenso auf der Phalere aus Žitavská Tôň (Abb. 99), und einen ähnlichen Eindruck erweckte die nur willkürliche Verbindung zweier einander indifferenter Gestaltungsprinzipien zu einem scheinbar einheitlichen Bedeutungszusammenhang. In der Tat unterscheidet sich der erwähnte Beschlag von den anderen kreuzähnlichen Beschlägen von Blatnica, Pobedim und von Mikulčice (Abb. 121, 124) selbst nur durch die Dreiecksform am Ende der Balken, die ihm zusammen mit den abstehenden Ösen für Nieten den Anschein einer unirdischen Zerbrechlichkeit verleiht und ihn von seiner Gestaltung her in die Nähe der Kreuze byzantinischen Ursprungs aus derselben Zeit rücken. Auch die zeitliche Einordnung dieses Beschlags in den Beginn des 9. Jahrhunderts stimmt völlig mit seinen stilistischen und ikonographischen Merkmalen überein.

Ein wenig jünger vielleicht sind zwei kleine Anhängekreuze aus Blei aus dem Grab 467 in Dolní Věstonice, die zusammen mit einem silbernen Reliquiar in Form eines Meßbuchs den wichtigsten Schmuck einer Halskette aus verschieden geformten Glas- und Bleiperlen darstellen (Abb. 125). Es gibt keine direkte Analogie zu den kurzen, breiten Balken, die an ihrer Basis gebogen sind, und nur das lyraförmige Ornament in der Mitte des Kreuzes zeigt vielleicht an, daß es sich hier um ein einheimisches Erzeugnis handelt. Der größte Teil der bisher bekannten Kreuze ist jedoch deutlich fremder Import und gelangte mit den verschiedenen Strömen der Missionierung hierher. Betrachten wir zum Beispiel das silberne Anhängekreuz aus Mikulčice (Abb. 126), das aus einem beschädigten Grab stammt. Die im Relief dargestellte Gestalt des Gekreuzigten in der Tunika mit breitem Saum erinnert auf den ersten Blick an Darstellungsformen koptischer Stoffe und Kalkreliefs. Jedoch kann man sich mit einem solchen oberflächlichen Eindruck schwerlich zufrieden geben, denn die bewundernswerte künstlerische Aktivität der koptischen Exulanten hinterließ deutliche Spuren von der Adria bis nach Irland. Das wird unter anderem durch ein kleines doppelseitiges Bleikreuz aus den Sammlungen des Museums von Mainz eindrucksvoll bezeugt, das Akademiemitglied Poulík mit Recht als unserem Exemplar dem Ausdruck nach am nächsten stehend betrachtet. Trotz der teilweisen Übereinstimmung besteht jedoch zwischen den beiden Kreuzen ein wesentlicher Unterschied. Bei dem Kreuz von Mainz ist das Haupt Christi in der Weise eines konventionellen Realismus konzipiert und ist organischer Teil der Gesamtgestalt. Im Gegensatz dazu wird beim Kreuz von Mikulčice das Haupt des Gekreuzigten durch einen geschlossenen Nimbus deutlich von der eigentlichen Gestalt abgesetzt und wird dadurch zu einer Art Maske, die mit den weit geöffneten Augen und ausgehöhlten Vertiefungen sehr ausdrucksstark wirkt. Diese ornamental konzipierte Ausgliederung mit der besonderen Hervorhebung des maskenähnlichen Kopfes ist allerdings keine zufällige Schöpfung des unbekannten Künstlers, sondern sie entstammt den Traditionen der insularen Kunst. Zu den erstrangigen Schöpfungen letzterer gehört die Kreuzigung von Athlon (Westmeath), die — in Goldbronze — zwar ein breiter angelegtes Bild bietet, bei der aber die Gestalt Christi nach denselben Prinzipien dargestellt ist wie bei dem kleinen Kreuz von Mikulčice. Auch hier finden wir die lange Tunika mit breitem Bortensaum und das große maskenähnliche Haupt, das ganz für sich von innen heraus lebt. Natürlich ist das Kreuz von Mikulčice, was die qualitative Seite betrifft, nur ein ferner kontinentaler Nachhall dieses Meisterwerks des altirischen Kunsthandwerks, aber unter dem Gesichtspunkt des

stilistischen Zusammenhangs gehört es mit Sicherheit noch zu jenem Horizont, der vom Wirken der irisch-schottischen Missionare direkt beeinflußt war. Damit unterscheidet sich das Kreuz von Mikulčice grundsätzlich von dem von Moháč, dem wiederum das doppelseitige Bleikreuz aus Sady bei Uherské Hradište genetisch sehr viel näher steht. Die eingeritzte Verzierung der Tunika stimmt auf beiden Kreuzen völlig überein, und ebenso wiederholt sich auf beiden das Motiv der trostspendenden Hand Gottes, in einem Fall der betenden Gottesmutter, im anderen des leidenden Christus. Die griechische liturgische Inschrift auf der Rückseite des Kreuzes von Sady bezeugt klar den orientalischen Ursprung dieser Symbolik. Ebenso sind die Bronzekreuzchen aus Mača bei Sereď (Abb. 127) und aus Trnovec nad Váhom (Abb. 122) byzantinischer Herkunft. Sie gehören den Fundumständen zufolge jedoch schon in den Beginn des 10. Jahrhunderts. Das Kreuz von Mača fesselt uns nicht nur durch seinen gestalterischen Ausdruck, sondern auch durch den ikonographischen Gehalt. Drei übereinandergereihte umrahmte Gestalten sind mit erstaunlich festen Linien eingeritzt, und trotz aller Schematisierung sind sie ein anschauliches Beispiel dafür, wie aus der einfachen Frontalität der Fläche ein Ausdruck höchster Vergeistigung erreicht werden kann. Bemerkenswert ist überdies, daß es sich in allen Fällen deutlich um Frauengestalten mit langen Haaren handelt. Wenn so die Frau mit der Geste des Oranten und mit einem Palmenzweig in der einen und einer schwer zu identifizierenden Frucht in der anderen Hand vermutlich die Gottesmutter Maria ist, dann können wir die anderen Frauen als Maria, die Mutter des Kleophas, und Maria Magdalena bestimmen. Die drei Marien, die bei der Kreuzigung und Grablegung zugegen sind, sind in der christlichen Ikonographie bereits von der Wandmalerei des Baptisteriums von Dura-Europos bekannt, das heißt noch vor dem Jahr 265, als die Stadt von den Parthern erobert und zerstört wurde. Die Abbildung der drei Marien auf dem Kreuz von Mača erscheint daher nicht erstaunlich. Dieses Kreuz bildete wahrscheinlich nur die Rückseite eines doppelseitigen Reliquiars, auf dessen Vorderseite nach damaligem Brauch Christus abgebildet gewesen sein muß. Das ganze symbolisierte somit nicht nur die Kreuzigung, sondern im Bild

der drei Marien mit dem Palmenzweig auch die Auferstehung von den Toten und den Glauben an ein ewiges Leben und somit die grundlegenden Sätze der christlichen Glaubenslehre. Im Vergleich zu diesem bei aller Einfachheit außerordentlichen Exemplar ist die Kaptorga von Trnovec (Abb. 122) handwerkliche Dutzendware. Das halb in Relief gearbeitete, halb eingeritzte Bild Christi auf der einen und der betenden Marien auf der anderen Seite bleiben im Bereich des Mittelmäßigen stecken, und trotz der griechischen Initialen auf den Seitenbalken der Rückseite läßt sich die Möglichkeit nicht ausschließen, daß es sich hier nur um die einheimische Nachahmung einer prunkvolleren byzantinischen Vorlage handelt.

DIE KÜNSTLERISCHEN UND TECHNISCHEN FÄHIGKEITEN DER EINHEIMISCHEN HANDWERKER

Wenn die figuralen Motive auf den massiven Riemenzungen und mehr noch auf den kleinen Kreuzen deutlich eine unheilabweisende oder religiöse Bedeutung hatten, dann war das durch die Funktion solcher Beschläge bedingt. Unsere Vorfahren gingen jedoch auch profanen Motiven keinesfalls aus dem Wege. Das schönste Beispiel hierfür ist das Meisterwerk eines großmährischen Ziseleurs: eine kleine gehämmerte Silberscheibe aus dem Grab 15 in Staré Město-Špitálky (Abb. 131). Das Bild des Falkners zu Pferde ist auf dem feinen, radförmigen Hintergrund der Scheibe im klassisch „heraldischen" Stil der nachsassanidischen islamischen Kunst herausgearbeitet mit einem geistreich betonten Kontrast zwischen der realistisch modellierten Gestalt des Pferdes und dem äußerst stilisierten Gewand des Reiters. Eine nach Stil und Komposition nahe Analogie zu diesem Falkner ist uns bisher nur in Darstellungen auf orientalischen Seidenstoffen bekannt, der plastische, in Form einer Rille gebogene Rand der Scheibe jedoch deutet an, daß ihre direkte Vorlage eher in den Medaillons der silbernen und goldenen Gefäße vom Typus Sinnicolaul Mare zu suchen ist. Nicht ohne Interesse ist auch die Tatsache, daß die Kleidung des Reiters in ihren wesentlichen Zügen in erstaunlicher Weise mit dem Gewand des Oranten auf der bereits erwähnten Riemenzunge aus dem Grab 490 von Mikulčice

(Abb. 114) übereinstimmt. Die Problematik der Kleidung des großmährischen Adels bekommt von hierher einen weiteren bedeutenden Impuls, sofern es sich jedoch in beiden Fällen nicht um eine bloße Kopie orientalischer Vorlagen handelt.

Zu den sehr interessanten figuralen Motiven gehört auch die Darstellung des knienden Bogenschützen, die in die doppelseitige Hornscheibe eingeritzt ist, die in Grab 251 bei der dreischiffigen Basilika von Mikulčice gefunden wurde (Abb. 132, 133). Auf der Rückseite dieser Scheibe ist der Kampf zwischen einer krokodilähnlichen Echse und einem nicht näher bestimmbaren Huftier abgebildet. Obwohl sich die ähnlich dargestellte Gestalt eines Bogenschützen auch auf einem byzantinischen elfenbeinernen Horn aus den Sammlungen des Museums von Jászberény findet, kann damit die Herkunft dieser kleinen Scheibe nicht als geklärt betrachtet werden. Wie ich jüngst nachgewiesen habe, ist das Motiv des knienden Bogenschützen durchaus nicht aus dem nomadischen Bereich übernommen, denn es findet sich in genau derselben Form bereits bei der mittelgallischen Terra sigillata als beliebtes Schmuckelement und erscheint außerdem auch im Bereich der byzantinischen Ikonographie. Der Tierkampf auf der Rückseite der kleinen Scheibe könnte, — sofern dabei tatsächlich ein Krokodil dargestellt ist, — ihre Herkunft in den koptischen Bereich lokalisieren. Hierfür würden auch die kleinen runden Vertiefungen auf dem erhöhten Rand sprechen, die eine Art Perlenkette im Negativ vortäuschen. Im übrigen ist auch die Technik des Herausschnitzens und Herausnehmens des Hintergrundes, wodurch die Umrisse der figuralen Verzierung positiv hervortreten, typisch koptisch, so daß schließlich kein Grund besteht, an der Richtigkeit dieser Bestimmung zu zweifeln. Zwar stimmt es, daß die Technik der Knochen- oder Hornschnitzerei im Gebiet Großmährens zu den am meisten verbreiteten Techniken der Volkskunst gehört. Wenn man jedoch die geschnitzte oder eingeritzte Ornamentik auf ausgewählten Gegenständen aus Knochen und auf Verzierungen von verschiedenen Herkunftsorten näher betrachtet (Abb. 134), so stellt man fest, daß auf ihnen die abstrakte geometrische Verzierung eindeutig dominiert, so wie sie wahrscheinlich auch in der Holzschnitzerei zur Geltung kam.

Das typischste und in gewissem Sinne vielleicht schönste Erzeugnis des einheimischen mährisch-slawischen Kunsthandwerks sind die Knöpfe und Ohrringe (Abb. 135—152). Wie die Funde von Knöpfen in Grabbeigaben des frühen Mikulčice-Horizonts beweisen, muß mit einem Wiederaufleben der alten Technik des Schmiedehämmerns, des Pressens, des feinen Filigrans und der Granulation zu Beginn des 9. Jahrhunderts gerechnet werden. Die Vorliebe für den massiven gegossenen Schmuck ging jedoch nur allmählich zurück, und so erlangten diese alten und wieder neuen Techniken erst in der zweiten Hälfte des 9. Jahrhunderts eine ausdrückliche Vorrangstellung. Dies hing wahrscheinlich auch mit dem politischen und wirtschaftlichen Aufschwung Mährens zusammen, denn die neue Technologie war unmittelbar mit der Verwendung von formbareren und kostbareren Metallen wie Gold und Silber verbunden. Es ist fast unglaublich, wieviel Goldschmuck in dieser Zeit in die Gräber der städtischen Zentren Großmährens gelangte, obwohl man über die Herkunft dieses Goldes bisher nichts Genaueres weiß. Sicher ist nur, daß es in einheimischen Werkstätten geschmolzen und verarbeitet wurde. Der Spaten der Archäologen legte seine Überreste in Mikulčice ebenso wie in Staré Město frei. Daß die Knöpfe und die prunkvollen Goldohrringe einheimischen Ursprungs sind, wird obendrein auch durch ihre geographische Verbreitung bewiesen, die die stärkste Frequenz an den politisch-administrativ wichtigen Orten und den Handelszentren des Reiches aufweist.

Der schöpferische Genius der mährischen Künstler schuf eine breite Palette von Knöpfen aus dünnem, gepreßtem Blech, das vorwiegend aus Kupfer oder vergoldet war, oft auch aus Silber und in Ausnahmefällen aus Gold. Ihre grundlegendste, verbreitetste und zugleich auch lebendigste Form war sphärisch, sie waren aus zwei gepreßten Halbkugeln verfertigt und auf der Oberseite mit einem gehämmerten Ornament verziert. Das eigentliche Ornament — vorwiegend ein Pflanzenornament — war in einen herzförmigen Mäander eingelassen, der von Bögen umrahmt war oder sich in der Mitte eines Medaillons befand. Der Ausgangspunkt des Pflanzenornaments waren ein Palmettenfächer und die von ihm abgeleiteten herauswachsenden, häufig symmetrisch verzweigten Ranken, die an verschie-

dene mediterrane, sassanidische und vorgroßmährische Muster des Donauraumes erinnern. Nur selten erschienen in den Medaillons oder in den arkadenförmig umrahmten Feldern auch Tiermotive. Bei diesen handelte es sich vorwiegend um verschieden stilisierte Vögel, Pfauen, Tauben und vielleicht auch Falken. Aus diesem Grund verdient der Silberknopf, der in der 4. Kirche von Mikulčice gefunden wurde, besondere Aufmerksamkeit. Den zentralen Schmuck darauf bildet ein „Hündchen", das sich in den eigenen Schwanz beißt. Ein absolutes Unikat ist auch die Verzierung eines Silberknopfes aus dem Grab 508 der dreischiffigen Basilika, auf dem zweifellos das christliche Motiv der stilisierten Fische verwendet ist. Die Umrahmung wie auch der eigentliche Schmuck sind immer plastisch vom punzierten Hintergrund abgehoben und belegen die orientalische Herkunft der verwendeten Technologie und der ornamentalen Konzeption (Abb. 136, 137).

Und so ist es im wesentlichen auch bei den übrigen Varianten, ob sie sich an die ursprüngliche sphärische Form halten, verschiedene Möglichkeiten der Kombination von Granulation und Filigran verwenden, mit kleinen granulierten Buckeln bedeckt sind oder von dieser Gruppe abweichen und mit verschmolzenen und mehrfach gebrochenen Gittern verziert, mit Glasperlen belegt und in Form von polygonalen Laternchen gearbeitet sind.

DER FRAUENSCHMUCK

Zu den häufigsten Vertretern des großmährischen Schmucks gehört jedoch — verständlicherweise — der Frauenschmuck: Ohrringe, Halsketten und Ringe (Abb. 139—164, 166—172, 174—178). Am meisten Beachtung fanden die Ohrringe, deren Einteilung in traubenförmige, trommel-, körbchen-, halbmond- und stäbchenförmige sich einerseits aus der Form des Anhängsels am Bogen des Ohrrings ergibt und allgemein aus dem Grundelement ihrer Verzierung. Man kann sagen, daß ein Teil von ihnen, wie zum Beispiel die traubenförmigen Ohrringe, direkt aus dem Volksschmuck des Donauraumes erwachsen, und erst in der weiteren Entwicklung sind auch byzantinisch-orientalische Einflüsse erkennbar. Andere wieder, wie beispielsweise die halbmondförmigen, erleben nach mehr als 150jähriger

Unterbrechung in erster Linie durch die Berührung mit den wiederauflebenden kulturellen Impulsen von Byzanz eine Renaissance. Vielleicht gerade deshalb fällt ihre Blütezeit erst in die zweite Hälfte des 9. Jahrhunderts; das Fortleben der meisten davon reicht sogar bis tief ins 10. Jahrhundert hinein und überdauert auch den Untergang des mährischen Staatswesens. Im übrigen ist in ihrer Verzierung ein grobe, teilweise jedoch auch feinere Granulation in Form von flächigen kleinen Dreiecken, Rhomben und plastischen kleinen Pyramiden vorherrschend. Echtes Filigran ist selten, und ebenso kommen einige besonders prunkvolle Varianten der Grundtypen nur in den zentralen Burganlagen Großmährens vor.

Dieselbe Schmucktechnik kommt auch bei den Ringen zur Geltung, ebenso bei den Halsketten aus Metallperlen und auf den halbmondförmigen Anhängseln, jenen par excellence weiblichen Schmuckstücken mit der uralten Symbolik der Erotik und Mutterschaft. Sie zu tragen, verbot Jesaja den Frauen von Zion bereits fünfzehn Jahrhunderte vor der Entstehung des mährischen Staates völlig ohne Erfolg.

Interessant ist, daß zwar einerseits fast gleichzeitig mit dem politischen Machtzerfall Großmährens auch die Symbole der militärischen Macht in Form von prunkvollen Beschlägen auf den Männergürteln verschwinden, daß aber andererseits der Schmuck der Frauen eine bemerkenswerte Intaktheit behält. Es ist so, als habe in den Augenblicken, da den erschlafften Händen der erschöpften Kämpfer auch das letzte Schwert entglitt, die Frau die Aufgabe als Beschützerin der Sippe übernommen. Aber diese „Verweiblichung" des mährischen Kunsthandwerks kündigt auch schon den nahenden Verfall an. Weder die Tschechen unter den Přemisliden noch das aufsteigende Ungarn Arpads hatten irgendein Interesse an der Erhaltung der staatlichen Selbständigkeit Mährens.

KARTEN UND ABBILDUNGEN

Die Slawen im 6. Jahrhundert

DIE SLAWEN IM 6. JAHRHUNDERT

Entworfen von J. Dekan

Colonia

Moguntia

Treveri

Mettis

F R A N K E N

Regina

Constantia

Bodensee

Iuvavum

Savaria

Neusiedler See

Tridentum

Aquileia

Mediolanum

Verona

Siscia

Lac Léman

Iader

Salonae

cca 500

post a. 582

S

B

Siedlungsgebiete mit Keramik des Prager Typs	Keramik vom Korčak-Typus außerhalb des Verbreitungsgebietes desselben
Siedlungsgebiete mit Keramik des Korčak-Typs	Westlichste Grenze des Vordringens der Slawen
Siedlungsgebiet der Gepiden	Hauptrichtungen der Ausbreitung der Slawen auf dem Balkan
Siedlungsgebiet der Langobarden	Hauptrichtungen der Ausbreitung der Westslawen
Siedlungsgebiet der Gruppe von Keszthely	Einfall der Awaren in das Karpatenbecken
Slawische Bügelfibeln des Dnepr-Typs	Auszug der Langobarden nach Italien

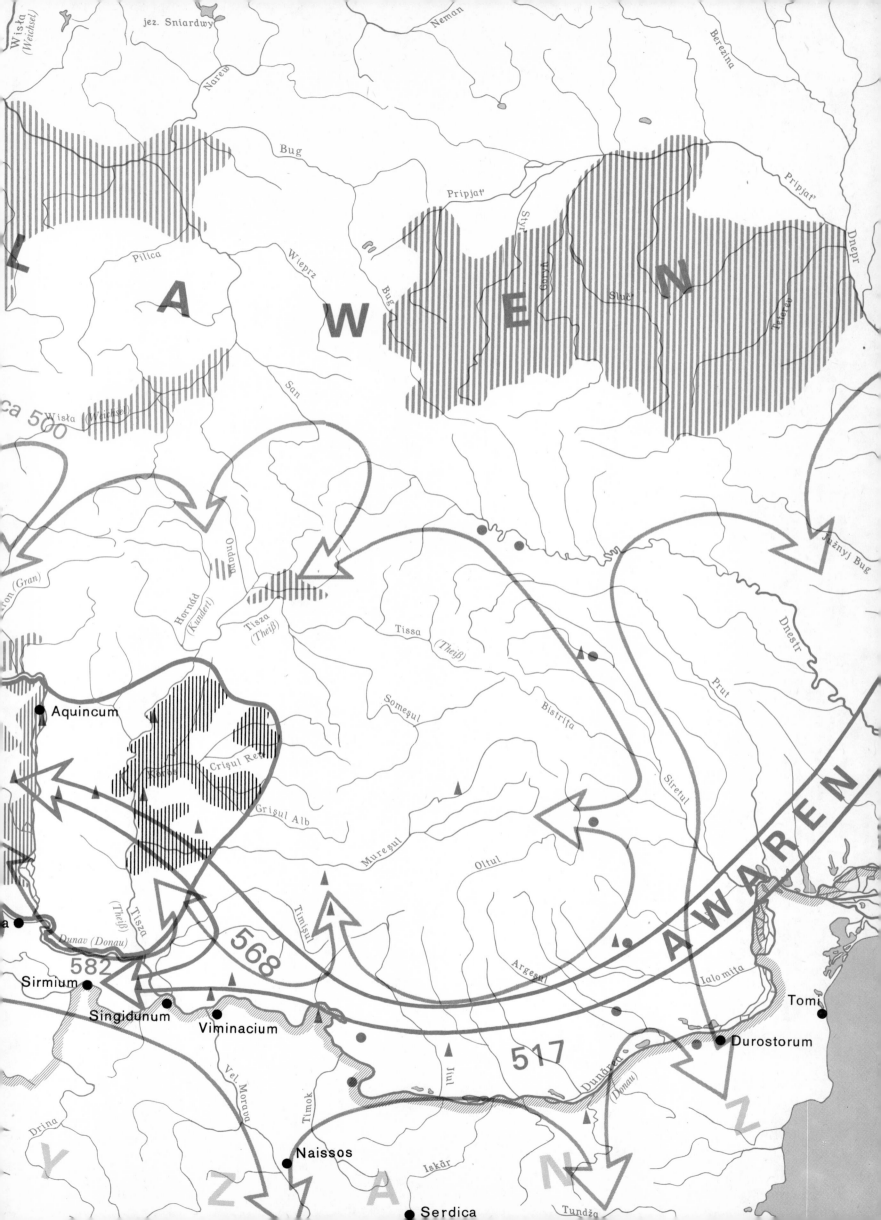

1. Riemenzunge aus Silberblech mit
   gehämmertem Geflecht in Form von
   Achten. Holiare

2. Versilberter und vergoldeter Eisen-
    helm des Baldenheimtyps.
    Dolné Semerovce

7. Riemenzunge aus Silberblech mit
   eingeprägter zickzackförmiger
   Schleife. Holiare

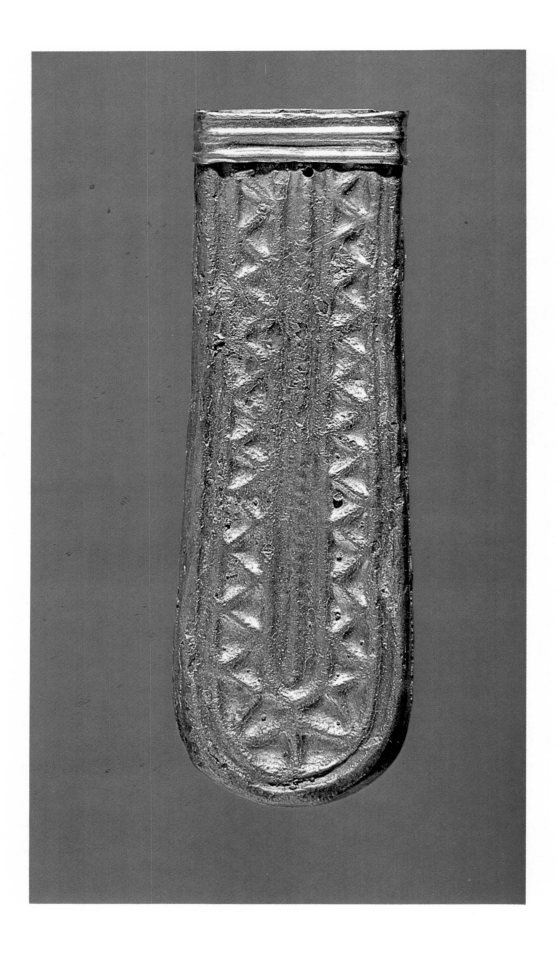

8. Vergoldete Gürtelgarnitur aus Blech mit eingepreßter plastischer Verzierung und mit eingelassenen hellblauen Glassteinchen. Želovce

9. Vergoldete Gürtelgarnitur aus Blech mit eingepreßtem Ornament; die Glassteinchen sind herausgefallen. Želovce

10. Silberne Ohrringe mit kugelförmigem Anhängsel. Želovce

11. Goldene Ohrringe mit hohlem Anhängsel, das mit Granulation verziert ist. Želovce

12. Silberne Ohrringe mit trommelförmigem Anhängsel. Želovce

13. Silberne Ohrringe mit großer hohler mit dunkelblauen Steinen besetzter Perle; das Verbindungsstück ist mit kleinen Trommeln besetzt. Holiare

14. Silberner Ohrring mit bizarr geformten Trommeln. Holiare

15. Silberohrringe mit reich modelliertem Steg und mit einer Perle, die mit vergoldeten Augen versehen ist. Holiare

16. Mit Trommeln versehene Ohrringe aus Bronze mit halbmondförmig erweitertem unterem Bogen des Ringes. Želovce

10	11	12
	13	
14	15	16

17. Gehämmerte halbmondförmige Ohrringe aus Silberblech mit sternförmigen Anhängern. Želovce

18. Gehämmerter halbmondförmiger Ohrring aus Silberblech mit sternförmigem Anhänger. Holiare

19. Gegossene halbmondförmige Bronzeohrringe mit sternförmigen Anhängern. Štúrovo

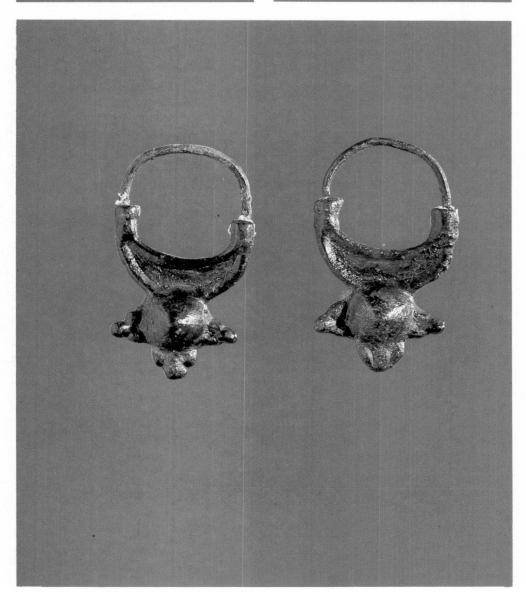

20. Zwei quadratische Beschläge aus
Goldblech mit gehämmerter Verzierung. Zweiteilige Goldspange
mit eingesetztem dunkelblauem
ovalem Stein. Želovce

21. Silberne offene Armreife. Silberner
    Ring mit kleiner Platte, in die ein
    dunkelblauer Stein eingelassen ist.
    Želovce

22. Goldener Ohrring mit zylinderför-
    migem granuliertem Anhängsel.
    Želovce

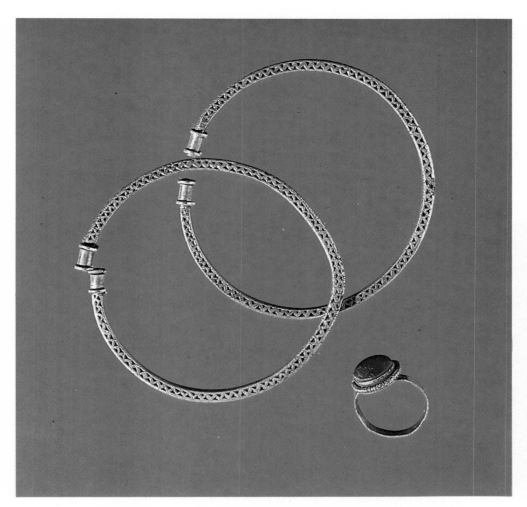

23. Teil eines Silberschatzes: halbkugelförmige Silberschale mit aufgeprägter Verzierung; Silberkelch;
zwei silberne Armreife mit aufgehämmerter Verzierung; gegossener Silberohrring. Zemiansky
Vrbovok

24. Keramik des Prager Typs.

25. Keramik des Theiß—Typs. Grab-
    beigaben. Želovce

26. Handgeformte Keramik. Grabbei-
    gaben. Želovce

Gebietsentwicklung Großmährens

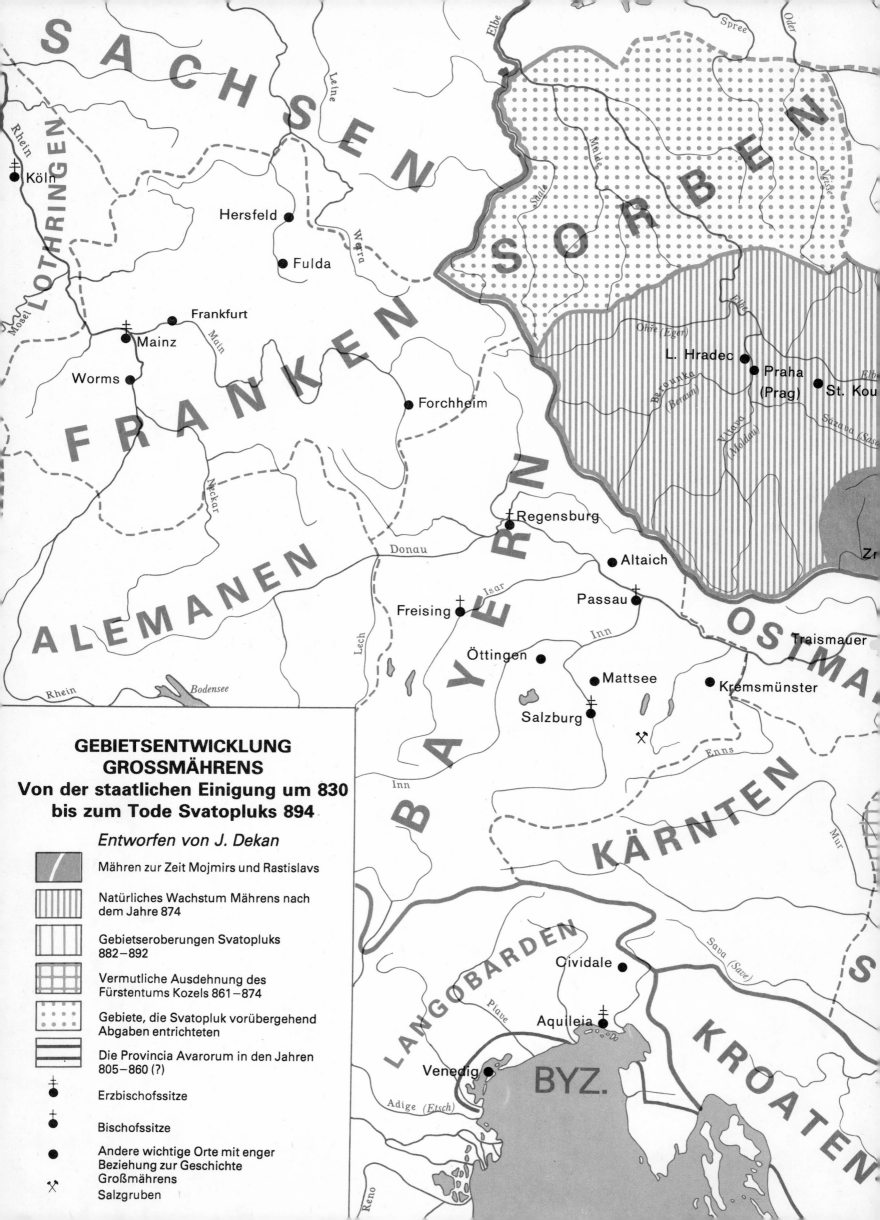

SACHSEN

SORBEN

LOTHRINGEN

✝ Köln

Hersfeld

Fulda

Frankfurt

✝ Mainz

Worms

FRANKEN

Forchheim

Rhein

Mosel

Leine

Werra

Main

Neckar

Elbe

Spree

Oder

Mulde

Saale

Neiße

Ohře (Eger)

L. Hradec

Praha
(Prag)

St. Kou

Berounka
(Beraun)

Vltava
(Moldau)

Sázava (Sás

Elbe

ALEMANEN

Donau

Rhein

Bodensee

BAYERN

✝ Regensburg

Altaich

Isar

Passau ✝

Freising ✝

Öttingen

Mattsee

Salzburg ✝

⚒

Inn

Inn

Lech

Enns

Traismauer

Kremsmünster

OSTMA

KÄRNTEN

Mur

Cividale

Aquileia ✝

Venedig

BYZ.

Sava (Save)

Piave

Reno

Adige (Etsch)

LANGOBARDEN

KROATEN

S

Zr

GEBIETSENTWICKLUNG GROSSMÄHRENS
Von der staatlichen Einigung um 830 bis zum Tode Svatopluks 894

Entworfen von J. Dekan

Mähren zur Zeit Mojmirs und Rastislavs

Natürliches Wachstum Mährens nach dem Jahre 874

Gebietseroberungen Svatopluks 882–892

Vermutliche Ausdehnung des Fürstentums Kozels 861–874

Gebiete, die Svatopluk vorübergehend Abgaben entrichteten

Die Provincia Avarorum in den Jahren 805–860 (?)

✝ Erzbischofssitze

✝ Bischofssitze

● Andere wichtige Orte mit enger Beziehung zur Geschichte Großmährens

⚒ Salzgruben

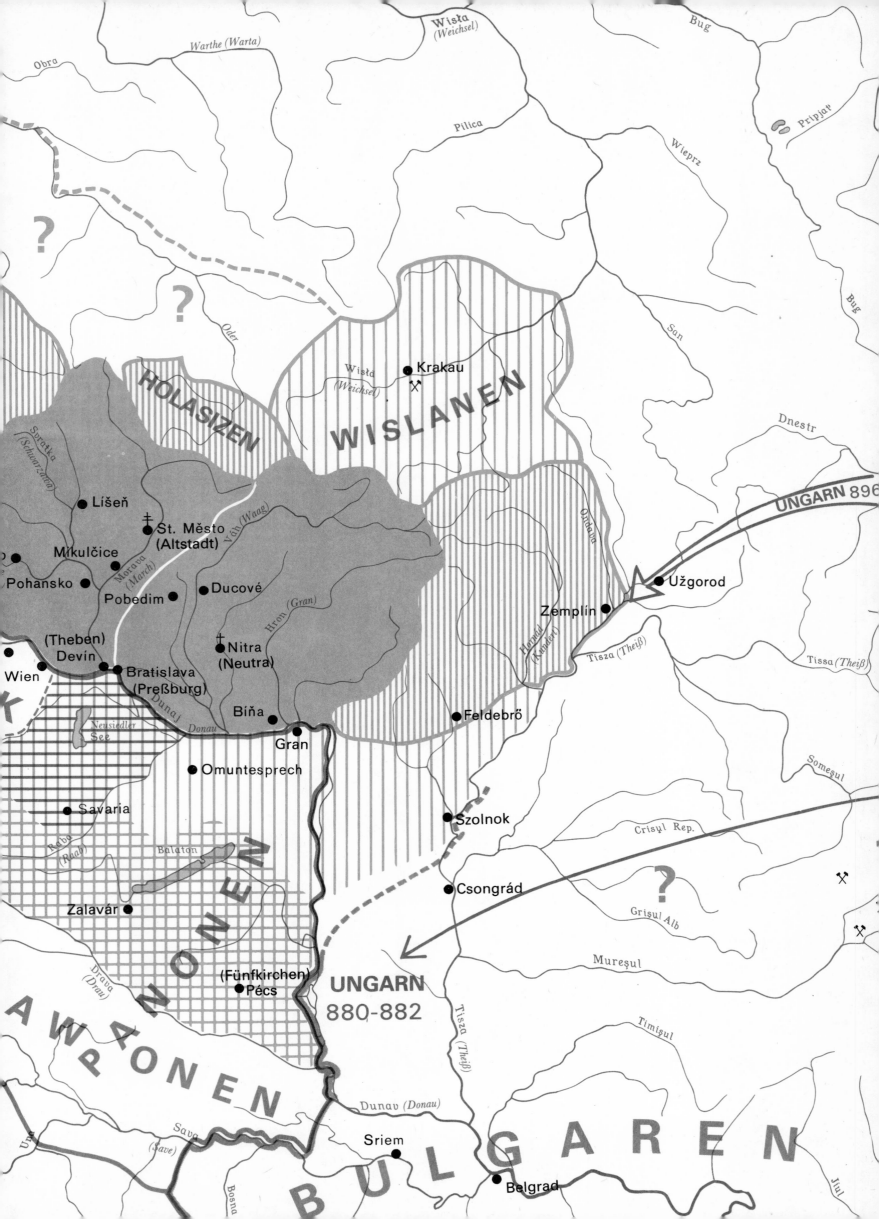

Obra

Warthe (Warta)

Wisła (Weichsel)

Bug

Pilica

Wieprz

Pripjať

?

?

HOLASIZEN

Oder

Wisła (Weichsel)

● Krakau
⚒

Dnestr

San

WISLANEN

UNGARN 896

Svratka (Schwarzawa)

● Líšeň

● St. Město (Altstadt) ✝

Váh (Waag)

Ondava

● Mikulčice

Morava (March)

● Pohansko

● Pobedim

● Ducové

Hron (Gran)

● Užgorod

Zemplín ●

● Zemplín

Hornád (Kundert)

Tisza (Theiß)

Tissa (Theiß)

(Theben) Devín

✝ Nitra (Neutra)

● Wien

Bratislava (Preßburg)

Dunaj

● Biňa

● Feldebrő

Donau

Gran

Neusiedler See

● Omuntesprech

● Szolnok

Somesul

● Savaria

Raba (Raab)

Balaton

?

NONEN

Crisul Rep.

Grisul Alb

Drava (Drava)

● Zalavár

● Csongrád

⚒

AW⚒NEN

(Fünfkirchen) ● Pécs

UNGARN 880-882

Tisza (Theiß)

Muresul

⚒

Timisul

Urs

Sava (Save)

Dunav (Donau)

BULGAREN

Bosna

● Sriem

● Belgrad

Jiul

27. Gürtelgarnitur aus Bronzeguß. Auf der großen Riemenzunge das traditionelle Motiv des Tierkampfes. Auf den rechteckigen Beschlägen der Greif, das Symbol des Lichtes, des Lebens und des Guten. Nové Zámky

28. Gürtelgarnitur aus Bronzeguß. Auf der großen Riemenzunge stilisierte Tiere mit rückwärts gewandten Köpfen. Nové Zámky

29. Aus Bronze gegossene Riemenzunge mit dem Motiv schreitender Tiere. Prša

30. Gürtelgarnitur aus Silberblech mit eingeprägten Tiermotiven. Želovce

31. Aus Bronze gegossene Riemenzunge mit dem Motiv ruhender Greifen. Devínska Nová Ves

32. Riemenzungen aus Bronzeguß mit dem Motiv einander zugewandter Greifen und herzförmigen Ranken. Nové Zámky

33. Rechteckige Beschläge aus gegossener Bronze. Želovce

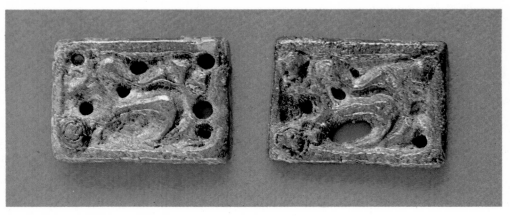

34. Riemenzunge aus gegossener
Bronze mit dem Motiv einander
zugewandter Greifen. Nové
Zámky

35.—37. Große Riemenzunge aus
Bronzeguß. Auf der Vorderseite
ein bizarr modellierter Tierkampf,
auf der Rückseite eine in Kreisen
gewundene Ranke. Šebastovce

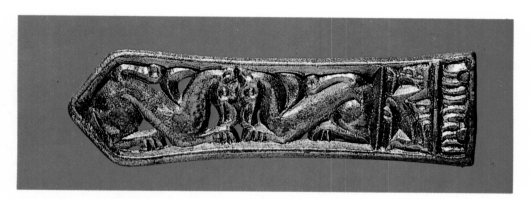

38. Zwei trapezförmige Schnallen aus Bronze mit kleiner schildförmiger Platte. Vier kreisförmige Beschläge aus Bronzeguß. Durchbrochene Bronzephalere (Brustschmuck für Pferde) mit dem beliebten Motiv einer Tierswastika. Žitavská Tôň

39. Kollektion durchbrochener Phaleren aus Bronze mit spiralenartiger Verzierung. Devínska Nová Ves

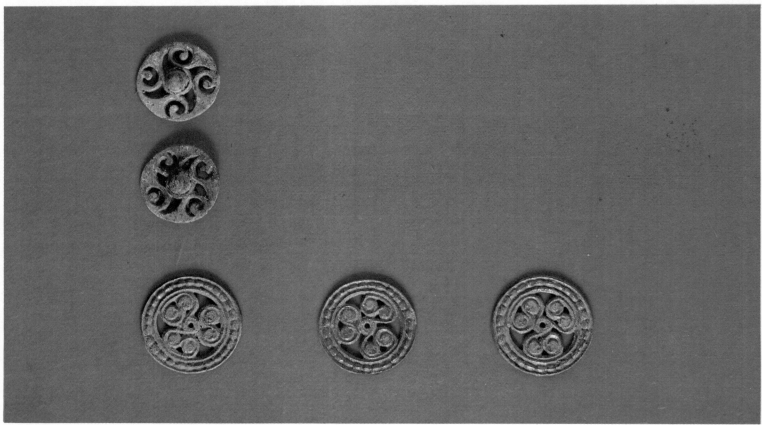

40. Aus Bronze gegossener Durchziehring. Bernolákovo

41. Bronzene Verzierung in Form
einer Schlange. Devínska Nová
Ves

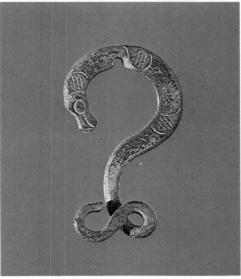

42. Durchbrochene Riemenzunge aus Bronze mit dem Motiv von Weinranken. Štúrovo

43. Vergoldeter Bronzebeschlag mit stilisiertem Pflanzenornament. Štúrovo

44. Aus Bronze gegossene Riemenzunge mit stilisierter Ranke. Devínska Nové Ves

46. Versilberte Gürtelgarnitur aus Bronze mit dem Motiv einer flachen, in Kreisen gewundenen Ranke. Holiare

47. Durchbrochene Riemenzunge mit Lilienornament. Žitavská Tôň

48. Aus Bronze gegossene Riemenzunge mit durchbrochener Schachbrettverzierung. Želovce

49. Gegossene Riemenzunge mit durchbrochener kreuzförmiger Verzierung. Bernolákovo

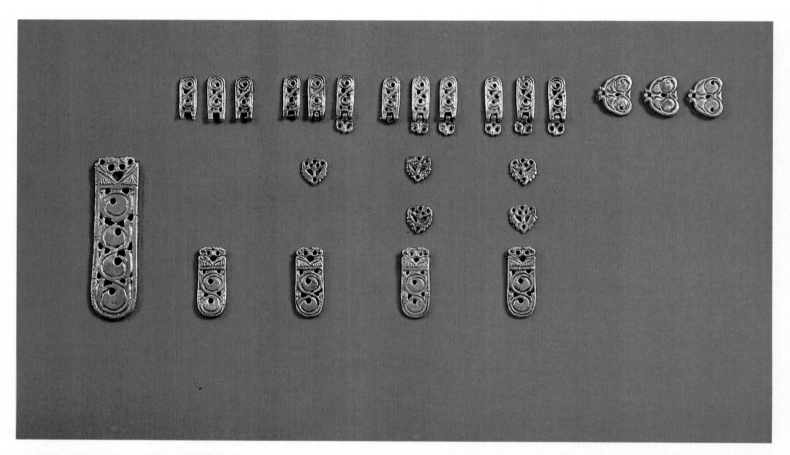

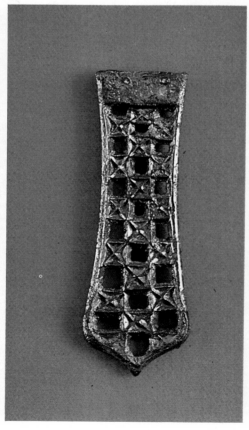

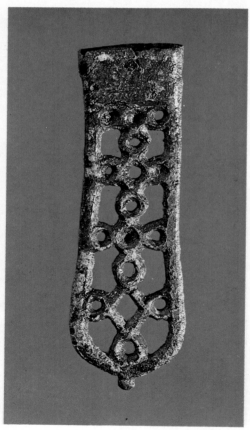

50. Vergoldete, aus Bronze gegossene
Beschläge in Form einer stilisierten Tiermaske. Žitavská Tôň

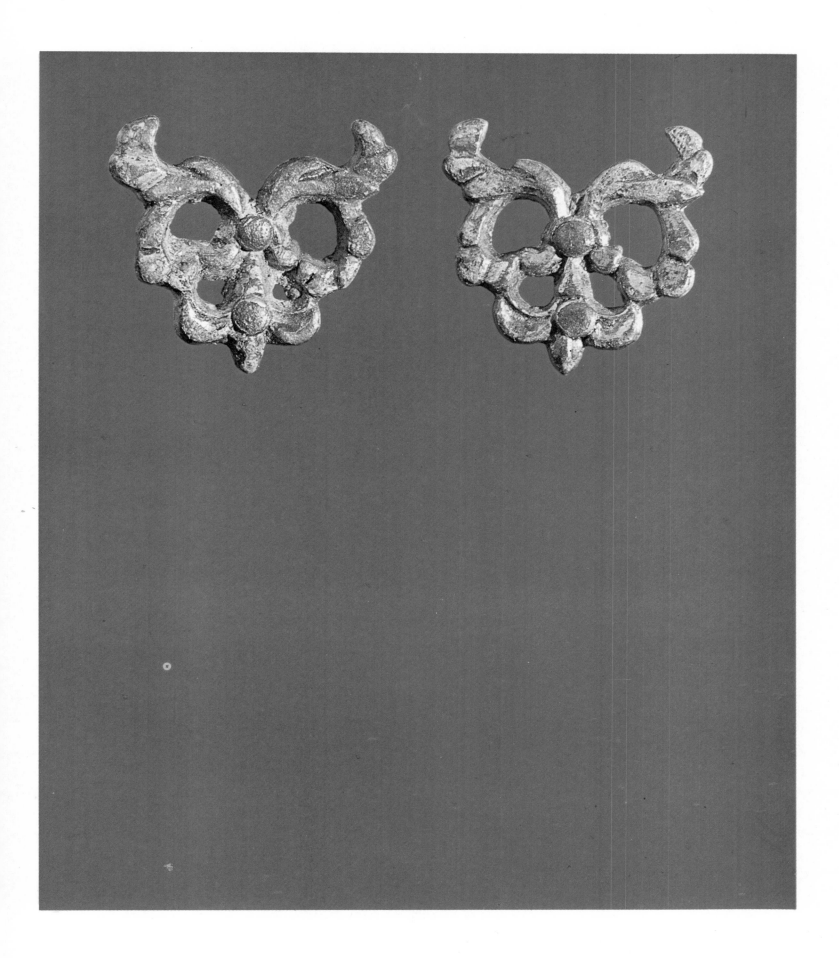

51. Versilberte, aus Bronze gegossene Gürtelgarnitur. Auf den scheibenförmigen Beschlägen mit Anhänger die stilisierte Gestalt eines Greifs. Große Riemenzunge mit Rankenmuster. Kleine Riemenzunge mit durchbrochenem Rahmen. Kleine Spange mit Pflanzenornament. Šaľa nad Váhom

52. Aus Bronze gegossene Gürtelgarnitur mit grob durchbrochenem Gitterornament. Zungenförmige Beschläge mit halbkreisförmigem Anhänger. Nové Zámky

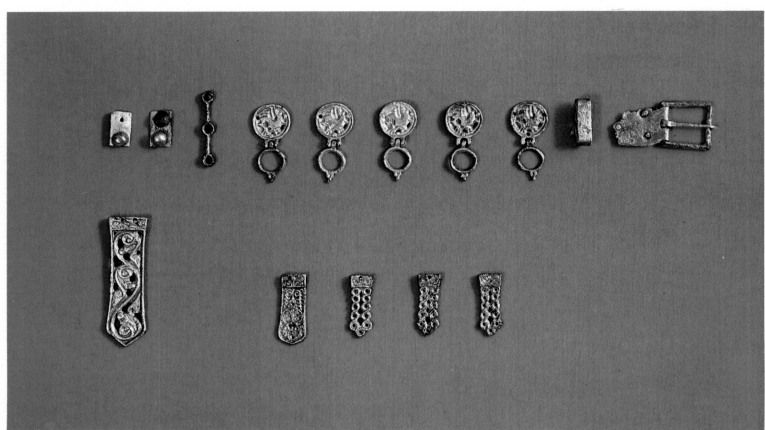

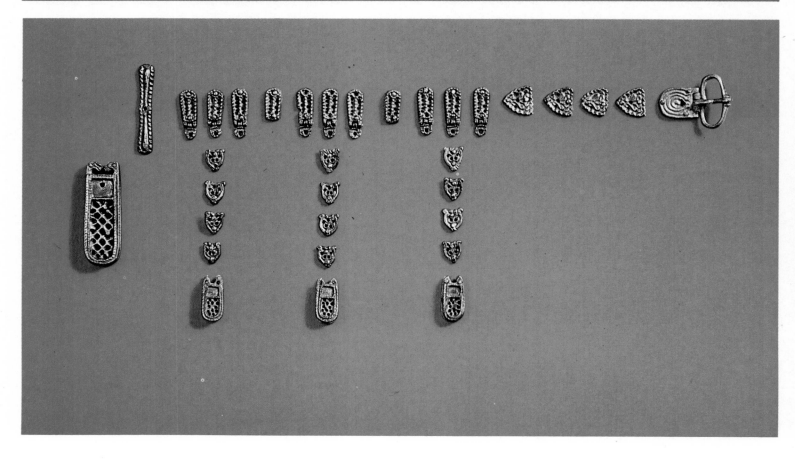

54. Schmuckgarnitur aus einem Reitergrab. Zwei Phaleren mit dem
vergoldeten Ornament eines
Schildbuckels. Eine aus Bronze
gegossene Riemenzunge mit Rük-
kenplatte in Form eines Pferdekopfes. Zwei kleinere Riemenzungen in Form von Eberköpfen.
Bronzebeschläge in Form von Adlerköpfen. Devínska Nová Ves

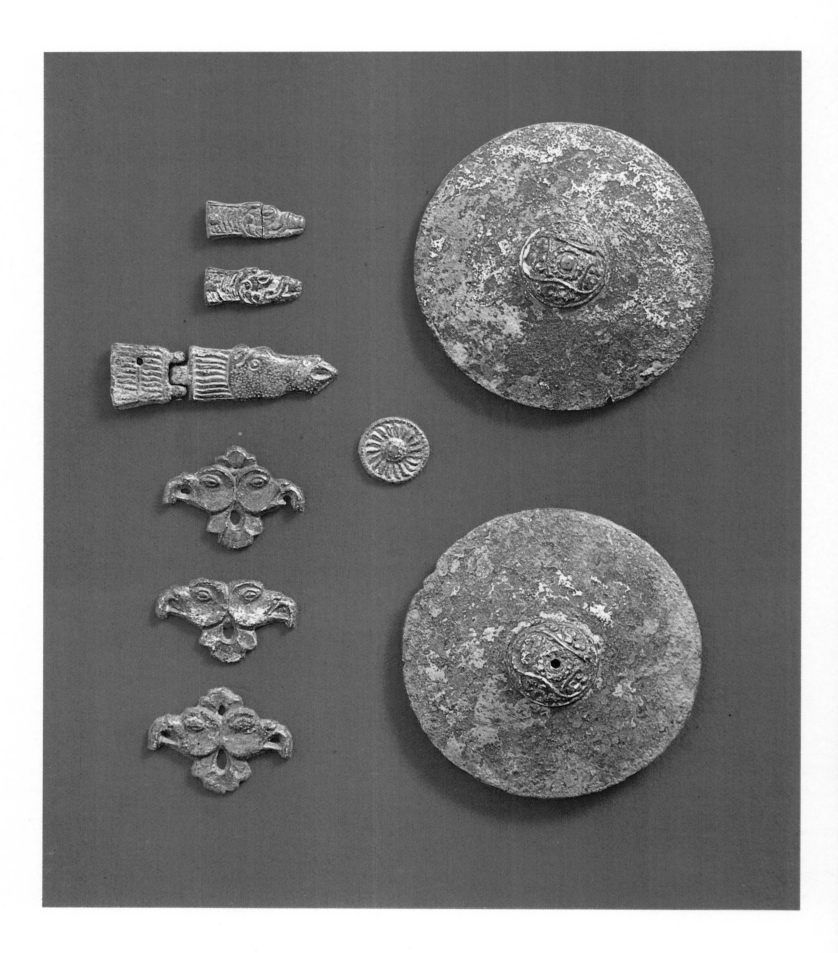

57. Mit Gold belegte eiserne Phalere
mit geometrischem Ornament und
Pflanzenmotiven. Žitavská Tôň

58. Gürtelgarnitur, aus Bronze gegos-
    sen. Auf den kreisförmigen Be-
    schlägen die Nereide auf dem Hip-
    pokampus. Hevlín

Das kulturelle und politische
Zentrum Großmährens

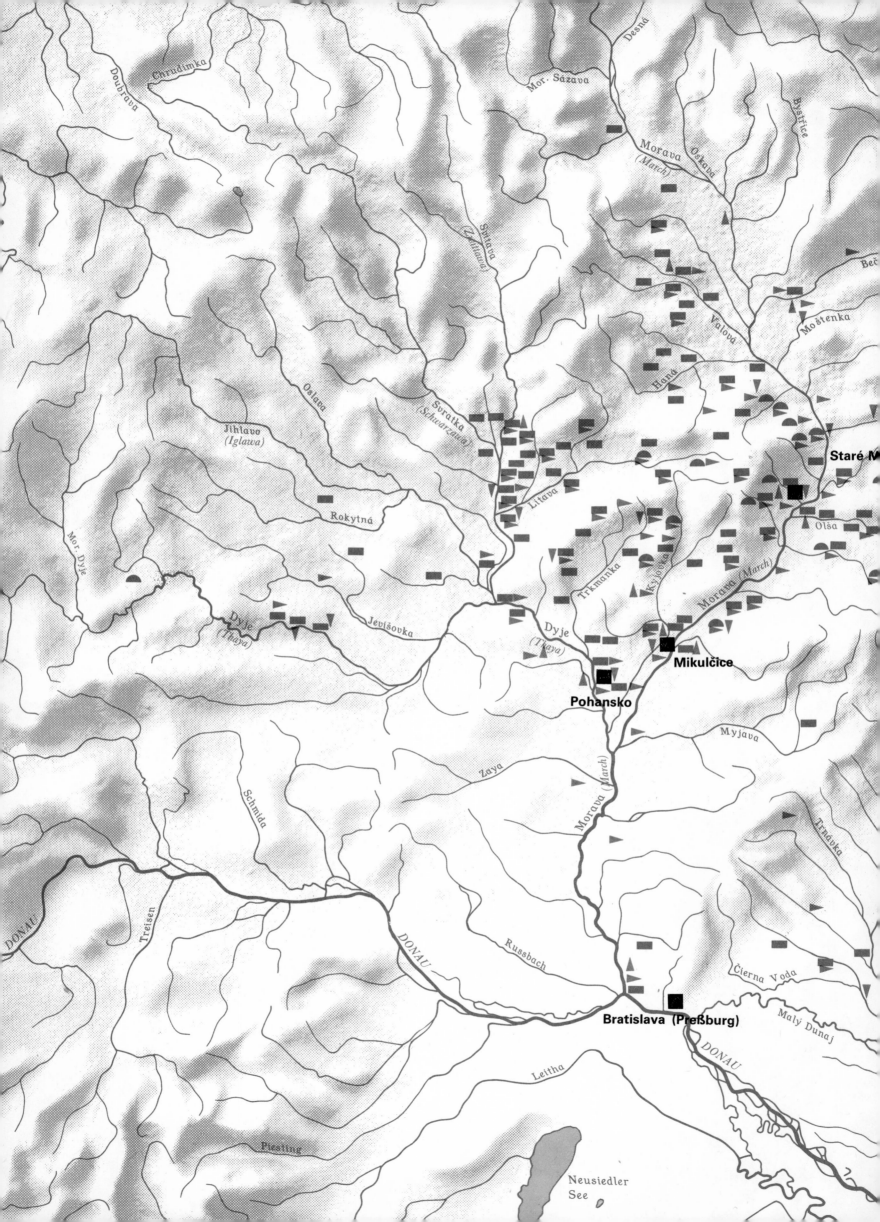

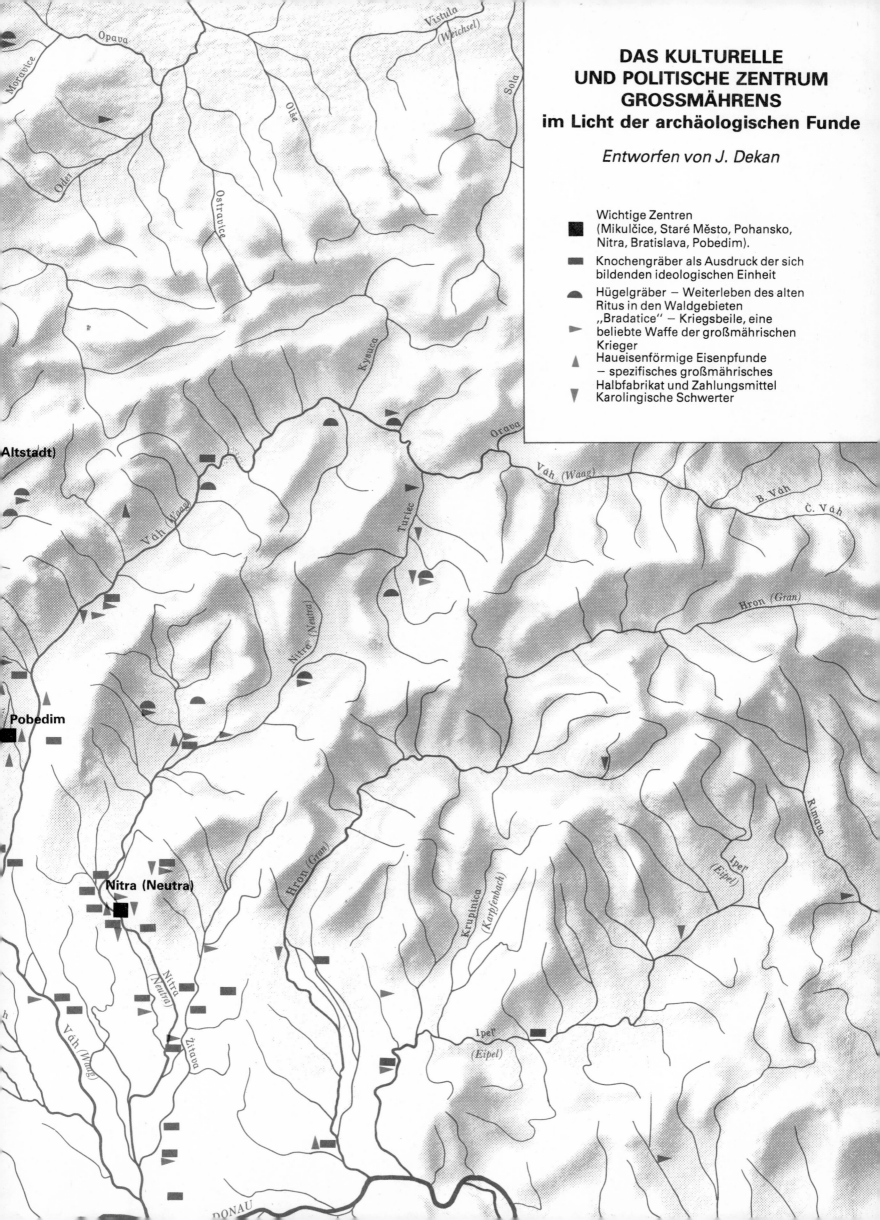

DAS KULTURELLE UND POLITISCHE ZENTRUM GROSSMÄHRENS
im Licht der archäologischen Funde

Entworfen von J. Dekan

Wichtige Zentren
(Mikulčice, Staré Město, Pohansko, Nitra, Bratislava, Pobedim).

Knochengräber als Ausdruck der sich bildenden ideologischen Einheit

Hügelgräber – Weiterleben des alten Ritus in den Waldgebieten

„Bradatice" – Kriegsbeile, eine beliebte Waffe der großmährischen Krieger

Haueisenförmige Eisenpfunde – spezifisches großmährisches Halbfabrikat und Zahlungsmittel

Karolingische Schwerter

59. Kollektion vergoldeter Bronzebeschläge mit stilisierter pflanzen-
und schuppenartiger Verzierung.
Bernolákovo

60. Vergoldeter Bronzebeschlag mit
durchbrochenem Blattmuster.
Bernolákovo

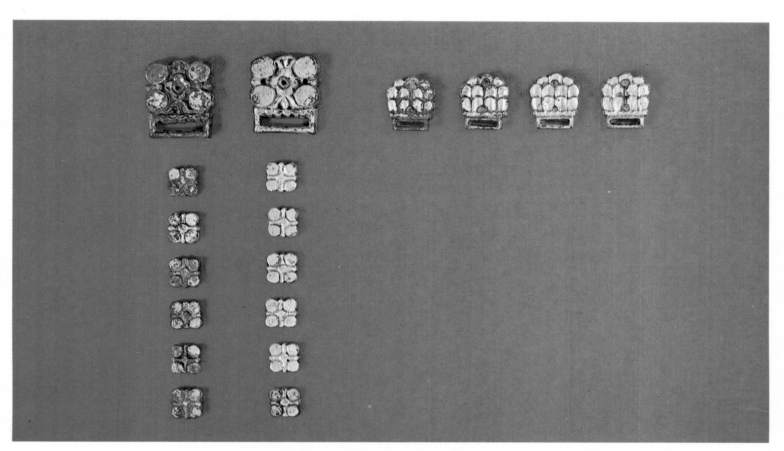

61. Gürtelgarnitur aus gegossener
    Bronze. Auf der großen Riemen-
    zunge anthropomorphe Ornamen-
    tik. Wappenförmige Beschläge mit
    Anhänger. Diese Garnitur wird in
    die zweite Hälfte des 8. Jahrhun-
    derts datiert. Nové Zámky

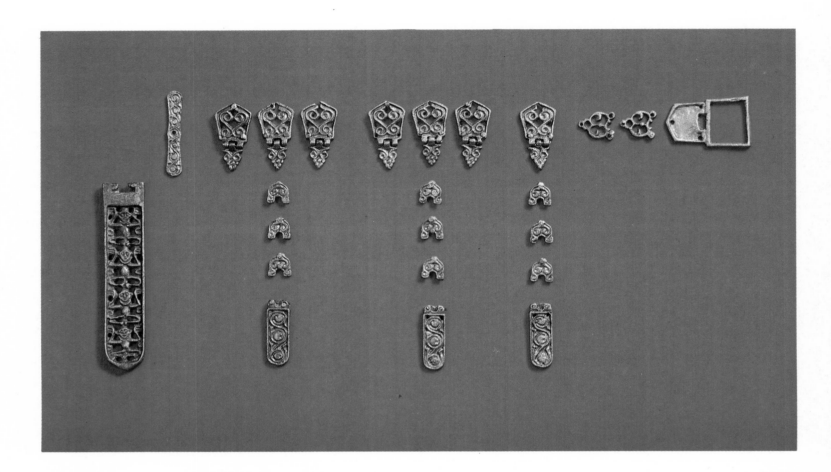

62. Große Riemenzunge aus der vorhergehenden Garnitur. Die hok-
kende Gestalt mit der Geste eines
Beters stammt vielleicht aus der
orientalischen Vorstellung der betenden Seele. Nové Zámky

63. Aus Bronze gegossene Riemenzun-
ge mit figuraler Verzierung, deren
Bedeutung ungeklärt ist.
Šebastovce

64. Aus Bronze gegossener Durchziehring mit einer tierähnlichen Gestalt. Ausschnitt aus einer größeren Komposition. Hraničná nad
Hornádom

65. Riemenzunge aus Bronzeguß mit durchbrochener figuraler Verzierung. Die Themen der einzelnen Szenen stammen aus dem bekannten Herakles-Zyklus. Auf dem unteren Bild sieht man Herakles selbst mit der Keule in der linken und dem Fell des nemeischen Löwen in der rechten Hand. Im mittleren Bild erschlägt Herakles den Kentauren Nessos, auf dem oberen ist der Kampf mit Hyppolita, der Königin der Amazonen, dargestellt. Auf der Rückenplatte ist der erimantische Eber abgebildet. Die Riemenzunge ist ein schönes Beispiel für das Wiederaufleben hellenistischer Traditionen. Dolné Dunajovice

66. Aus Bronze gegossene Riemenzunge mit der Gestalt eines Falkners.
Seine Kleidung erinnert an die
heutige Tracht von Detva.
Moravský Ján

67. Zweiteilige Spange aus Bronze mit rosettenförmig eingesetzten farbigen Glasperlen. Holiare

68. Bronzene Ohrringe mit doppelsei-
tigem Anhängsel aus granulierten
Kränzchen und hellblauen Perlen.
Nové Zámky

69. Goldohrringe mit granuliertem Steg und türkisfarbenen Perlen. Želovce

70. Vergoldete Bronzeohrringe mit doppelseitigem Anhängsel in Form von granulierten Kränzchen und blauen Perlen. Holiare

71. Goldene Ohrringe mit doppelseitigem konischem Anhängsel, dessen Ende mit Glasperlen besetzt ist. Želovce

72. Verschiedenartige goldene Ohrringe. Želovce

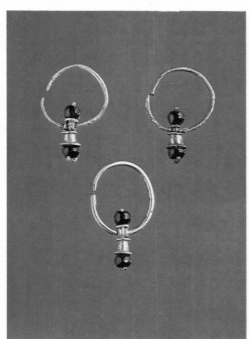

69	70
71	72

73. Bronzeohrring mit doppelseitigem
Anhängsel und mit fünf blauen
Perlen am unteren Ohrbogen.
Holiare

74. Tierplastik aus Ton, rituellen
    Ursprungs. Mikulčice

76. Zwei Typen von gelber Keramik aus Holiare und aus Nové
Zámky

77. Gelbe Grabkeramik. Flaschenartiges Gefäß. Krugförmiges Gefäß
mit abgeschlagenem Ausguß.
Kleine Schale. Nové Zámky

79. Durchbrochener Beschlag aus
Bronze mit dem Motiv des Kamp-
fes zwischen Greif und Drachen.
Mikulčice

80. Bronzebeschlag in Form eines
    Pferdekopfes mit reich gehämmer-
    ter Halbpalmettenverzierung.
    Mikulčice

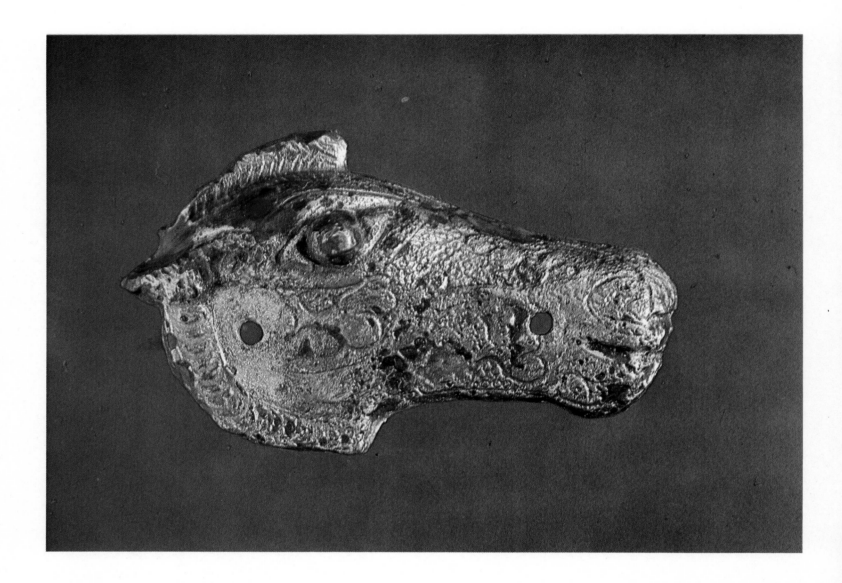

81. Beschlag aus Bronzeguß in Form
eines Eberkopfes mit gehämmerter
halbpalmettenartiger Verzierung
auf punziertem Grund. Drei kleine
Bronzebeschläge gleicher Form.
Holiare

82. Auswahl von Fundgegenständen aus dem Grab eines Feudalherrn. Die vergoldeten wappenartigen, trapez- und zungenförmigen Beschläge repräsentieren die letzte Entwicklungsstufe in der Herstellung von Bronzeguß an der mittleren Donau. Der schlüsselförmige seitliche Durchziehring und die kreuzförmigen Beschläge in Fragmenten stammen von einem Pferdegeschirr. Blatnica

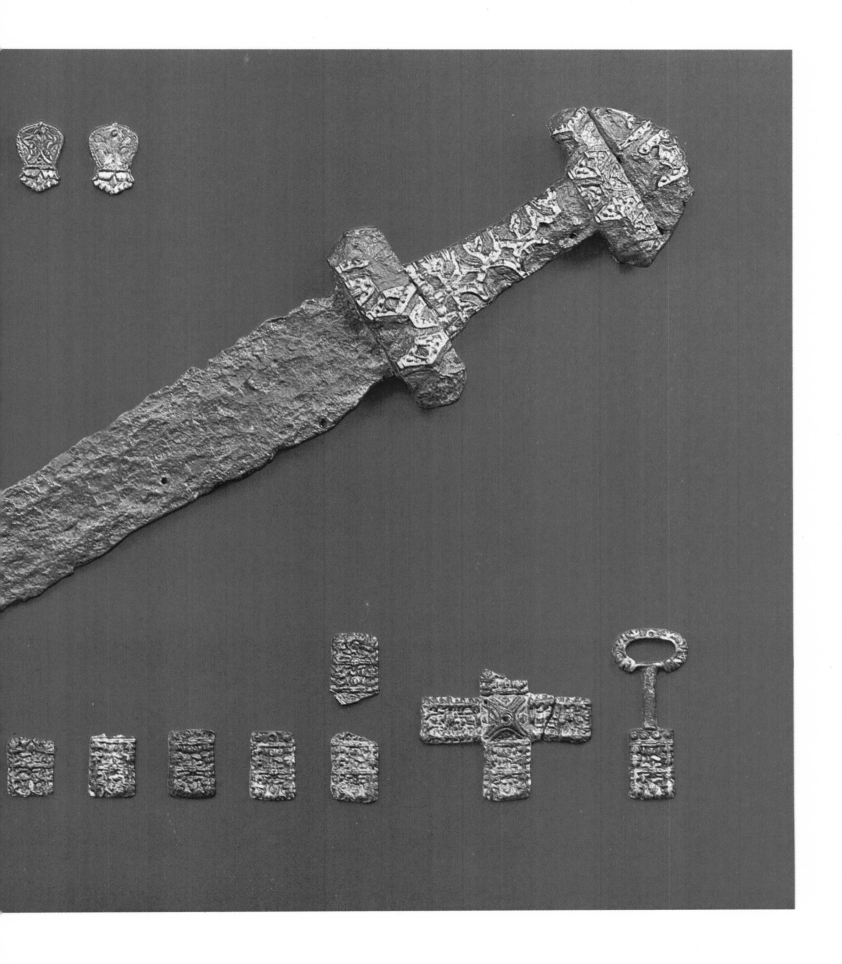

83. Vergoldete bronzene Riemenzunge, die in ihrer Technologie und ornamentalen Ausführung schon den Blatnica-Horizont ankündigt. Žitavská Tôň

84. Vergoldete kreisförmige Beschläge aus demselben Bereich. Žitavská Tôň

85.–86. Gegossene Bronzeschnalle mit durchbrochenem Rückenplättchen. Aus Bronze gegossene durchbrochene Riemenzunge. Das Ornament und der stilisierte Lebensbaum variieren uralte mediterrane Symbole. Šaľa nad Váhom

87. Rosettenförmige Phalere aus Bronzeguß. Gajary

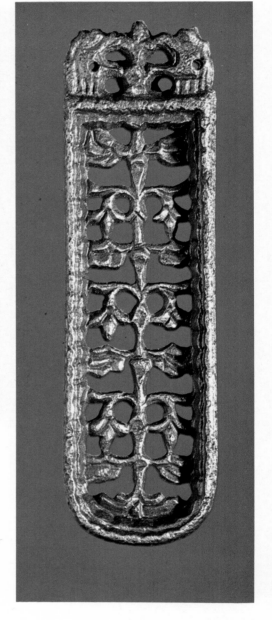

83	84	86
85		87

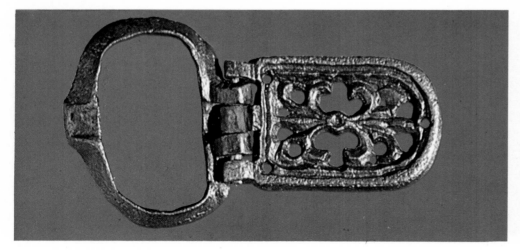

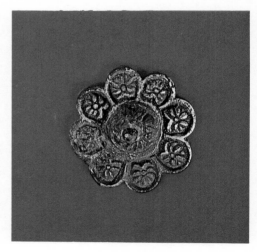

88. Griff eines mit vergoldetem Bronzeblech plattierten Prunkschwertes, das mit einer silbernen
Tausierung verziert ist. Das deutlich geometrische Ornament in
Verbindung mit menschlichen
Masken repräsentiert den karolingischen Anteil im Kunstgewerbe
unseres Gebietes. Blatnica

89. Vergoldete Sporen aus Bronzeguß
mit Halbpalmetten- und Maskenverzierung auf den in Kassettenform gegliederten Armen.
Mikulčice

90. Kollektion vergoldeter Sporen mit
Zubehör. Die Riemenzunge und
die Schnalle mit Durchziehring
sind mit dem gleichen Halbpalmettenmuster verziert. Mikulčice

92. Vergoldete Bronzesporen mit
Maskenverzierung, mit Zubehör
und vergoldeten Knöpfen.
Mikulčice

91. Bronzene, mit Silber tausierte Sporen mit Zubehör. Mikulčice

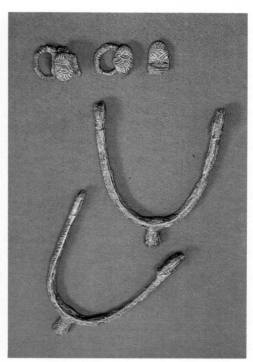

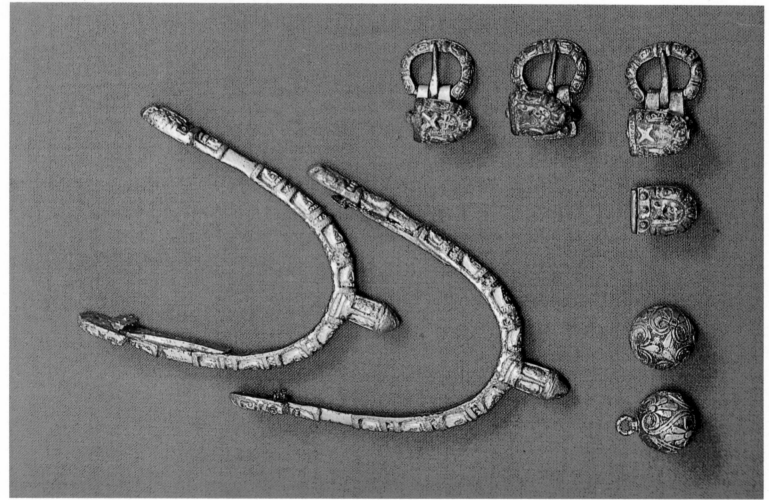

93. Vergoldete Riemenzunge aus
Bronze, mit einem Kerbschnitzornament verziert. Mikulčice

94. Vergoldete Riemenzunge aus
Bronze mit dem Motiv herzförmig
verflochtener stilisierter Schlangen. Staré Město

95. Vergoldete Bronzespange in Form
von Vögeln. Vergoldete Riemenzunge aus Bronze mit reicher Reliefverzierung. Vergoldete Bronzeschnalle. Mikulčice

96. Vergoldete Riemenzunge aus
Bronze mit reicher durchbrochener Verzierung aus Pflanzenornamenten. Mikulčice

97. Vergoldeter ovaler Durchziehring
und vergoldete Riemenzungen aus
Bronze mit stilisiertem Pflanzenornament, in Kerbschnitztechnik
gearbeitet. Staré Město

98. Zwei vergoldete Riemenzungen aus Bronzeguß mit durchbrochenem Pflanzenornament. Zwei vergoldete herzförmige Beschläge. Zwei vergoldete Beschläge mit Anhänger. Ein vergoldeter, aus sechs Masken bestehender Beschlag aus Bronze. Drei vergoldete, aus je drei Masken bestehende Beschläge aus Bronze. Žitavská Tôň

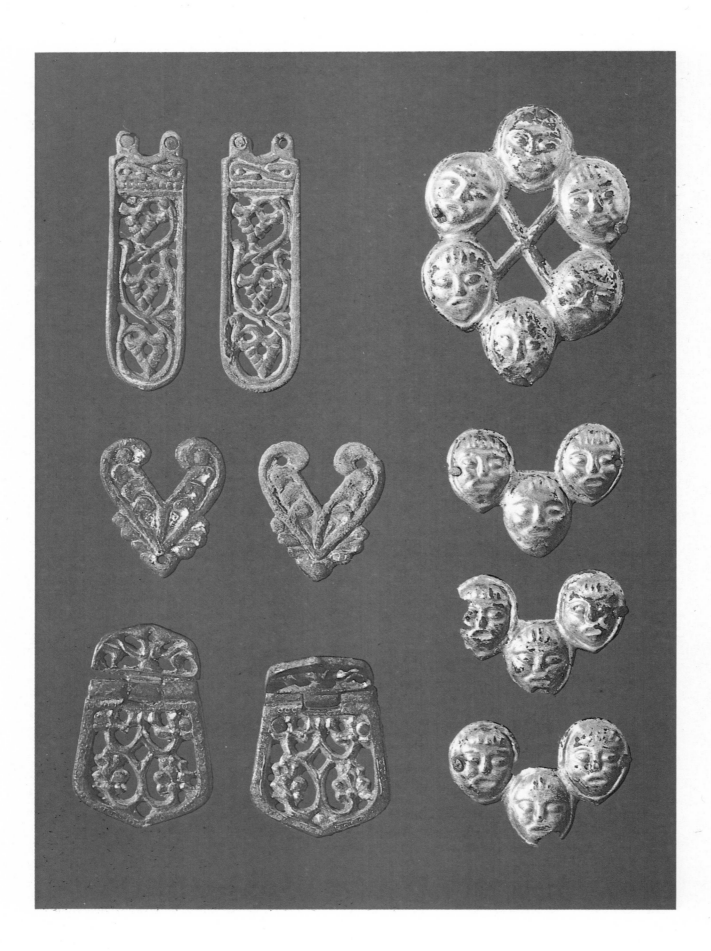

99. Aus sechs Masken bestehende
Phalere aus stark vergoldetem
Bronzeblech. Žitavská Tôň

100. Vergoldeter Bronzebeschlag mit
     dem Motiv schematisierter Tier-
     gestalten im typisch insularen
     Stil. Hradec

102. Vorderseite einer vergoldeten sil-
     bernen Riemenzunge mit grob
     granuliertem Rand und imi-
     tierten Perlen im mittleren Feld.
     Mikulčice

103. Flache untere Seite derselben
Riemenzunge (102). Die eingeritzte Gestalt des Bischofs in Gebetshaltung stimmt innen mit
dem Motiv der Maske und der
Augen auf den „Perlen" auf der
Vorderseite der Riemenzunge
überein. Mikulčice

104. Vergoldete kupferne Riemenzunge mit einem aus Pflanzenornamenten gebildeten Rahmen auf der Vorderseite und der Gestalt eines kauernden Frosches in der Mitte. Mikulčice

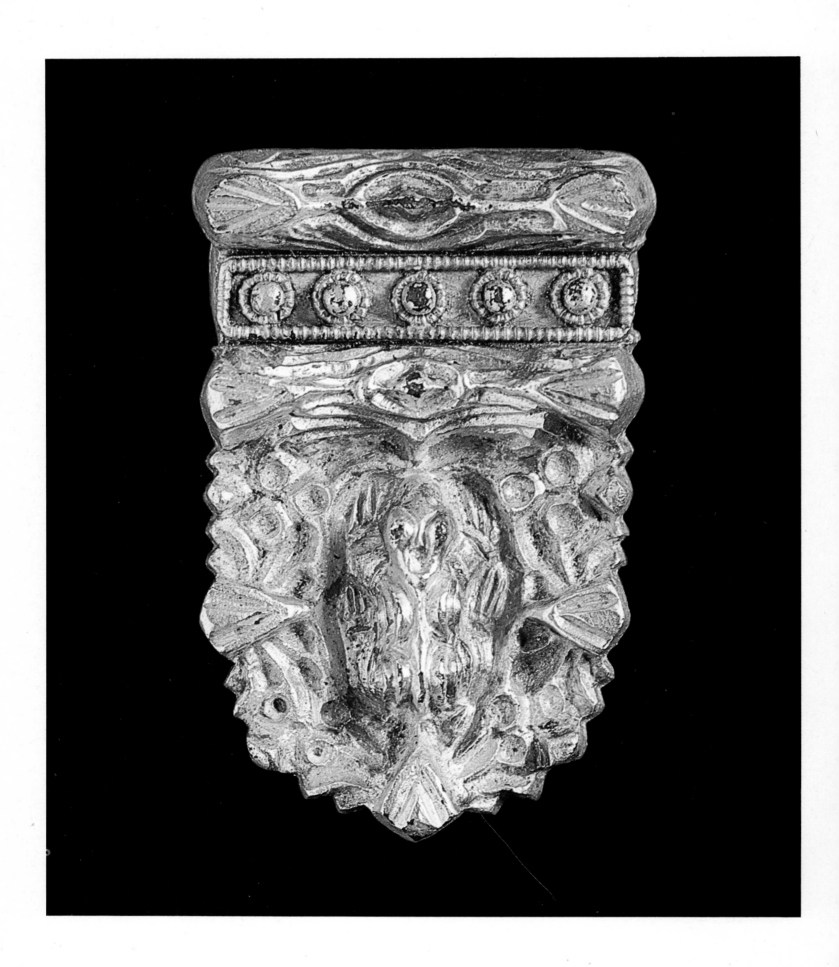

106. Eisenbeschlag von einem Pferdegeschirr mit markant gegliederter
Reliefverzierung. Pobedim

107. Vergoldete Silberohrringe mit
halbmondförmigem Bogen aus
Filigran und traubenförmigem
Anhängsel. Holiare

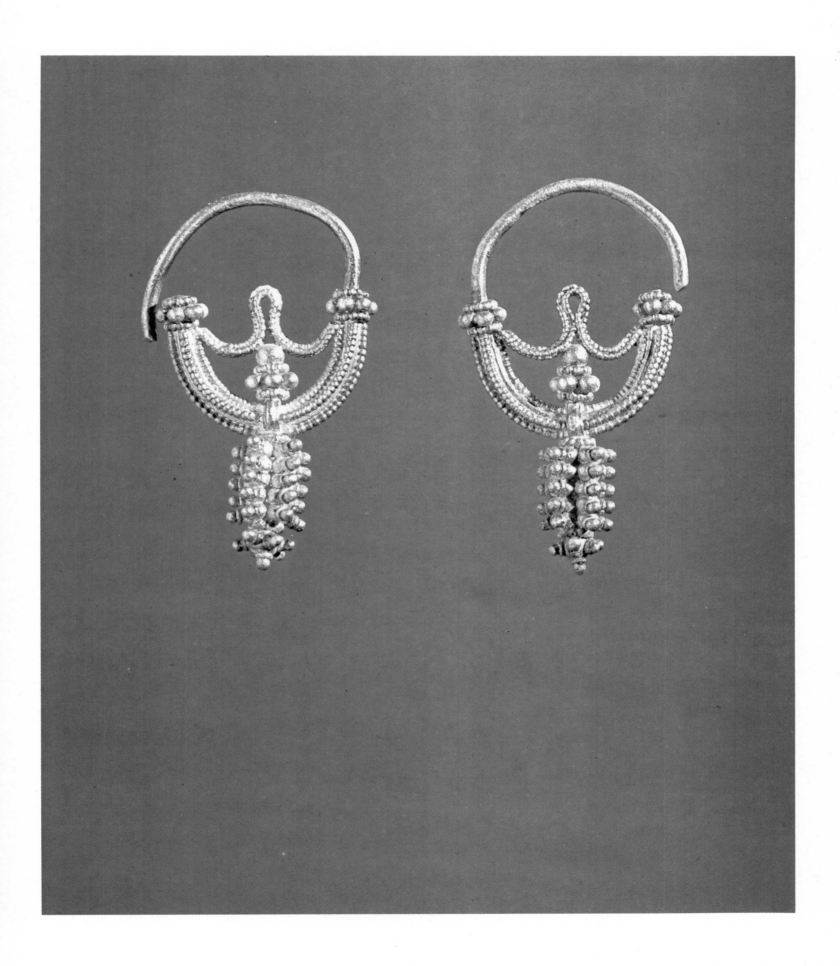

108. „Salzfäßchen" aus Hirschhorn,
mit eingeritztem geometrischem
Ornament verziert. Pobedim

108. „Salzfäßchen" aus Hirschhorn,
mit eingeritztem geometrischem
Ornament verziert. Pobedim

109. Fragment eines Griffs aus Hirschhorn, schraubenförmig verziert.
Mikulčice. Aus einem Knochen
gefertigtes Horn mit eingeritzter
geometrischer Verzierung. Staré
Město. Ahle aus Knochen mit
einfacher gitterähnlicher Verzierung. Nitra—Martinský vrch
(Martinsberg)

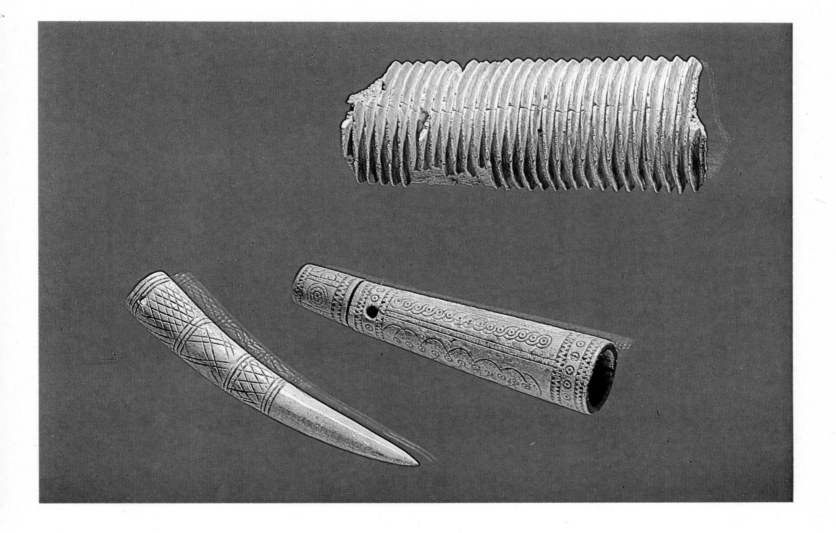

*Großmähren in der Welt
seiner Zeit*

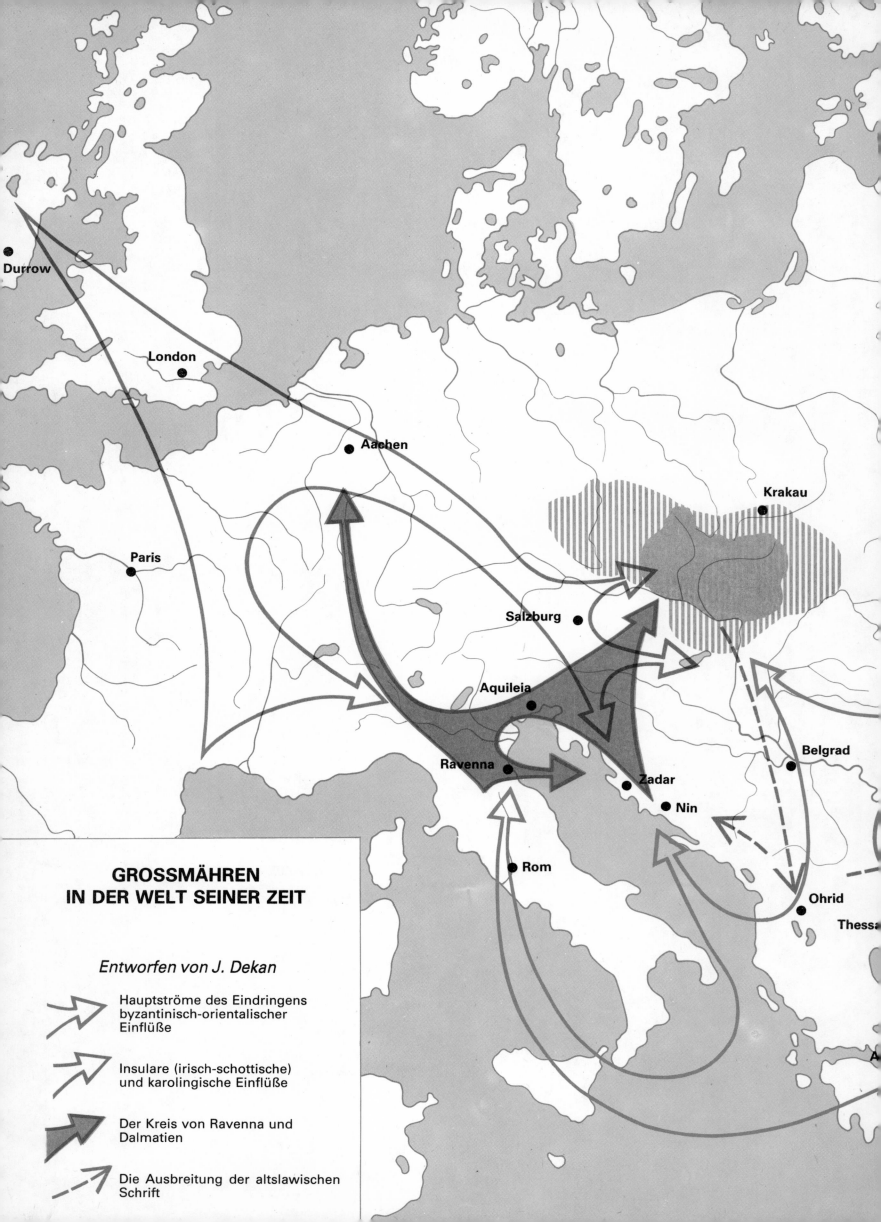

**GROSSMÄHREN
IN DER WELT SEINER ZEIT**

Entworfen von J. Dekan

Hauptströme des Eindringens
byzantinisch-orientalischer
Einflüße

Insulare (irisch-schottische)
und karolingische Einflüße

Der Kreis von Ravenna und
Dalmatien

Die Ausbreitung der altslawischen
Schrift

Durrow

London

Aachen

Krakau

Paris

Salzburg

Aquileia

Ravenna

Zadar

Nin

Belgrad

Rom

Ohrid

Thessa

Kiew

Cherson

Konstantinopel

Ephesos

Edessa

Antiochia

Bagdad

Damaskus

110. Silberner vergoldeter Reliquienbehälter in Form eines Meßbuches, reich verziert mit Granulation und Filigran. Mikulčice

111. Vergoldete Riemenzunge aus Silber. Ihre gebogene, breite Randleiste ist reliefartig mit Elementen verziert, die aus einem kettenförmigen Filigran gebildet sind. Die Mitte wird im Spiegelbild durch ein Ornament aus Zweigen ausgefüllt. Mikulčice

112. Rückseite der Riemenzunge (111)
mit dem stilisierten Lebensbaum
im geflochtenen Rahmen.
Mikulčice

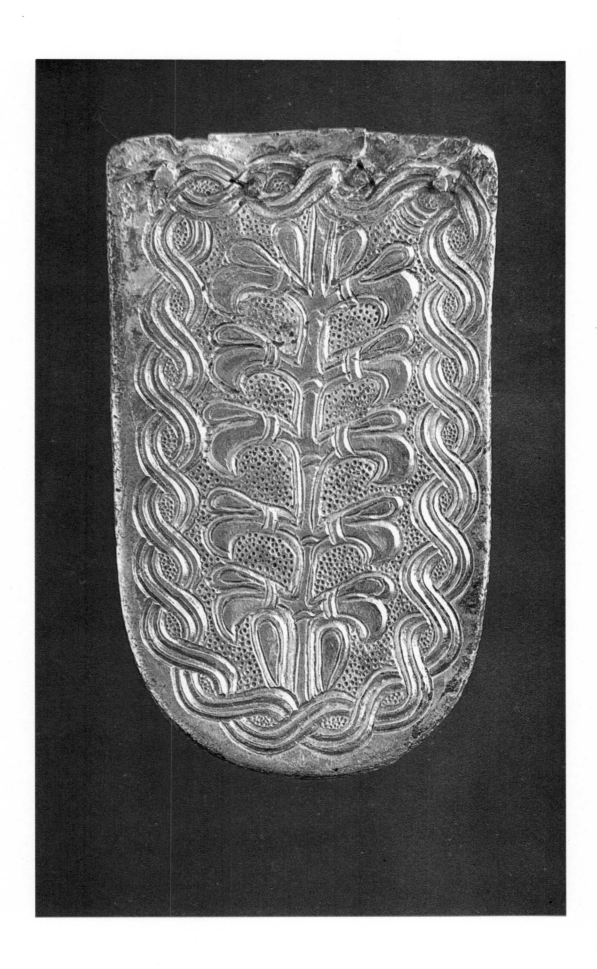

113. Riemenzunge aus dünnem Silberblech. Auf der Vorderseite ein
dichtes Netz von geflochtenen
Drähtchen und durchbrochenen
Streifen mit drei symmetrisch eingesetzten Steinen. Mikulčice

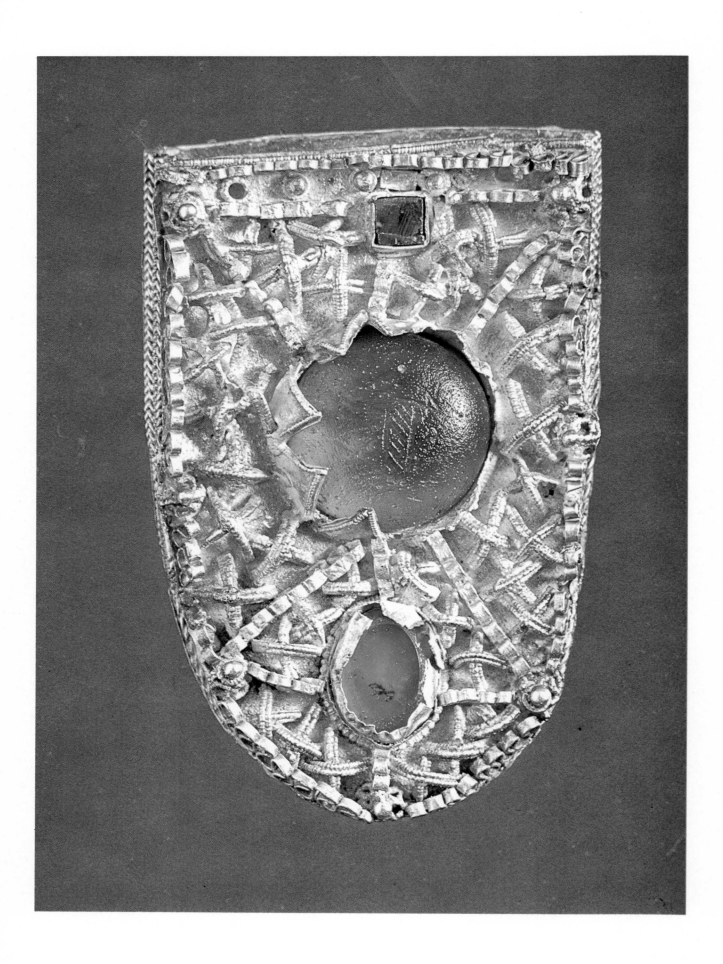

114. Rückseite der Riemenzunge (113)
mit der gehämmerten und durch
Ritzen vervollständigten Gestalt
eines Beters in bemerkenswertem
männlichen Gewand. Mikulčice

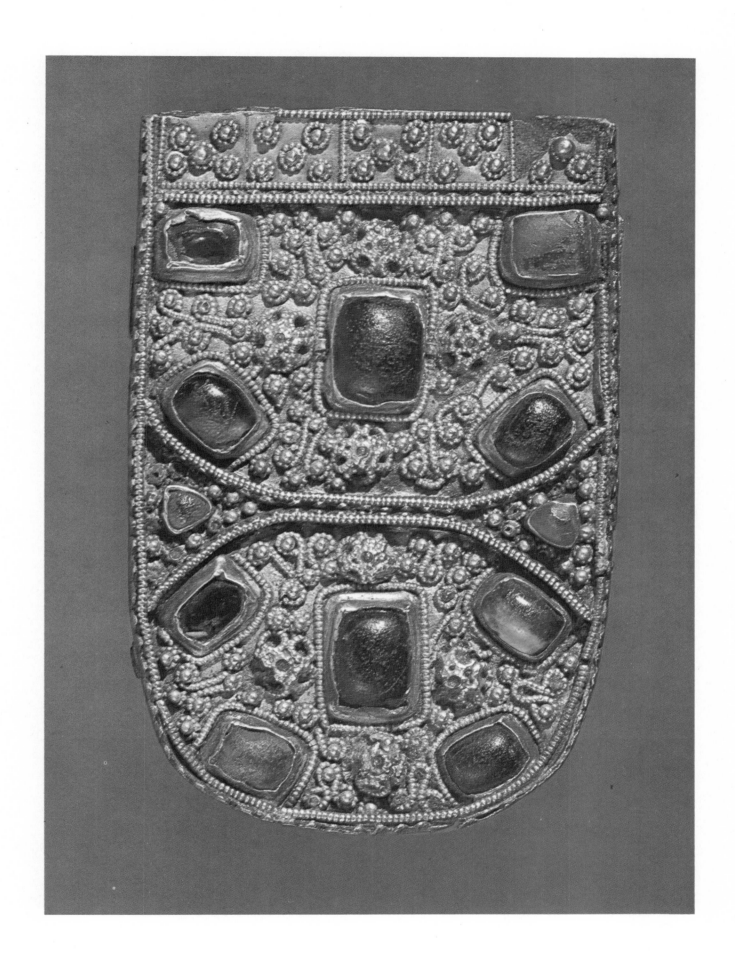

117. Prunkhafte goldene Riemenzun-
     ge mit einem Almandin.
     Mikulčice

118. Silbernes Anhängsel mit karneolroter Gemme. Modrá

119. Perle aus Millefioriglas. Staré
Město

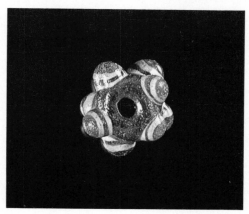

120. Kleine Riemenzunge mit antiker
Gemme. Auf der Gemme neben
dem Kopf des Zeus und des
Adlers auch ein Porträt des be-
rühmten Bildhauers Phidias.
Mikulčice

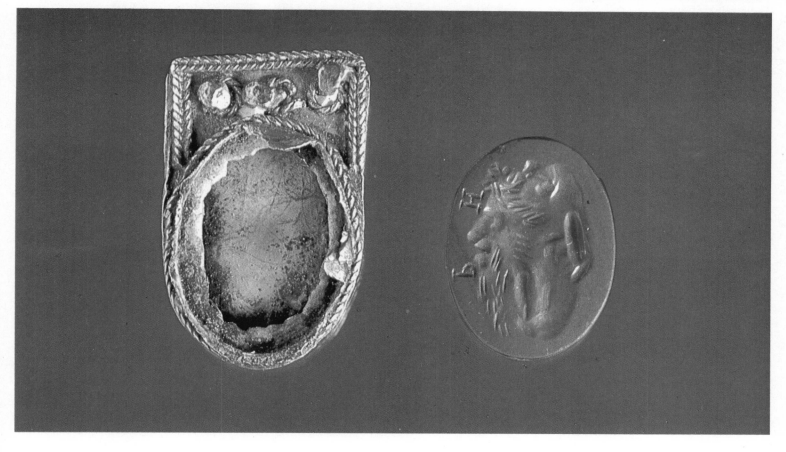

121. Kleines vergoldetes Bronzekreuz mit der Gestalt Christi in Gebetshaltung mit den Symbolen von Sonne und Mond auf den beiden Seitenarmen und einem Omega auf dem unteren Teil des Längsbalkens. Mikulčice

122. Zweiteilige Kaptorga (Amulettbehälter) aus Bronze. Trnovec nad Váhom

123. Vergoldeter kreuzförmiger Beschlag aus Bronze mit Masken an den Balkenenden. Mikulčice

124. Kleines Kreuz aus Blei. Mikulčice

126. Kleines, aus Silber gegossenes
Kreuz mit expressivem Ausdruck
der Züge Christi. Mikulčice

127. Bronzene Kaptorga mit den eingeritzten Gestalten der drei Marien. Mača

128–129. Mit doppeltem Mantel ver-
          sehene Goldknöpfe, die mit Filig-
          ran und einem angeschmolzenen
          Gitter verziert sind. Mikulčice

130. Goldene Ohrringe in Laternen-
     form mit aufgesetzten farbigen
     Glasaugen. Mikulčice

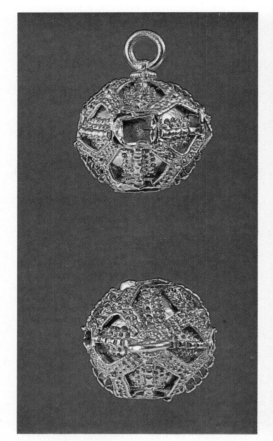

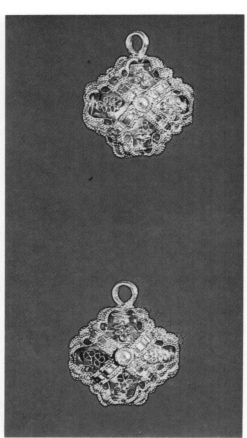

132—133. Hornscheibe mit der Abbildung eines Tierkampfes und eines
knienden Bogenschützen in
Flachrelief. Mikulčice

134. Rosetten- und kreisförmige Schei-
     ben aus Hirschhorn. Mikulčice

135. Vergoldete Bronzeknöpfe mit po-
     lygonaler Form aus dem 10. Jahr-
     hundert. Nitra — Amphitheater

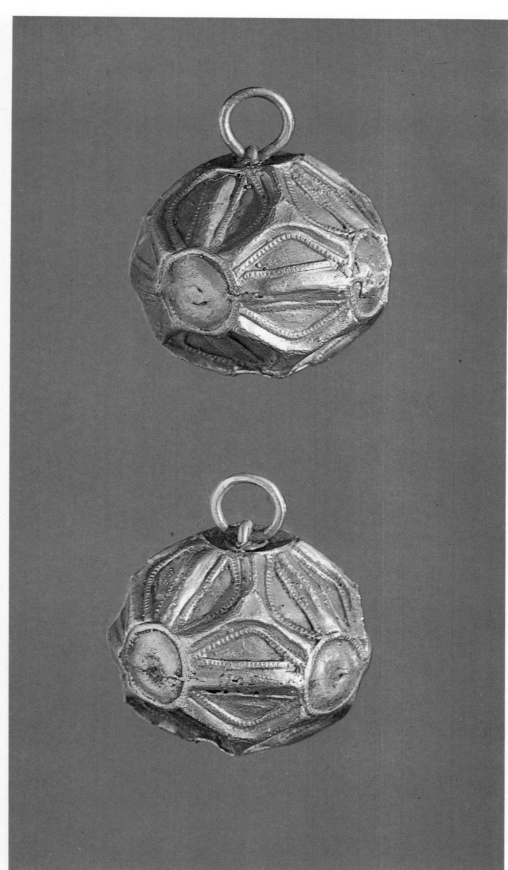

136—137. Kollektion von Knöpfen mit
dem typischen Pflanzen- und Palmettenornament. Staré Město

139. Trommelförmige Gold- und Sil-
     berohrringe mit reicher Granula-
     tion. Staré Město

141. Goldene halbmondförmige Ohrringe mit Trommelanhängsel.
Halbmond und Trommeln reich
granuliert. Staré Město

142. Silberne und vergoldete Ohrringe
mit einem Anhängsel in Form
eines Stäbchens, das zu beiden
Seiten von einer kleinen granulierten Trommel abgeschlossen
wird. Staré Město

143. Goldohrring mit einer außergewöhnlich großen Zahl kleiner
granulierter Trommeln.
Mikulčice

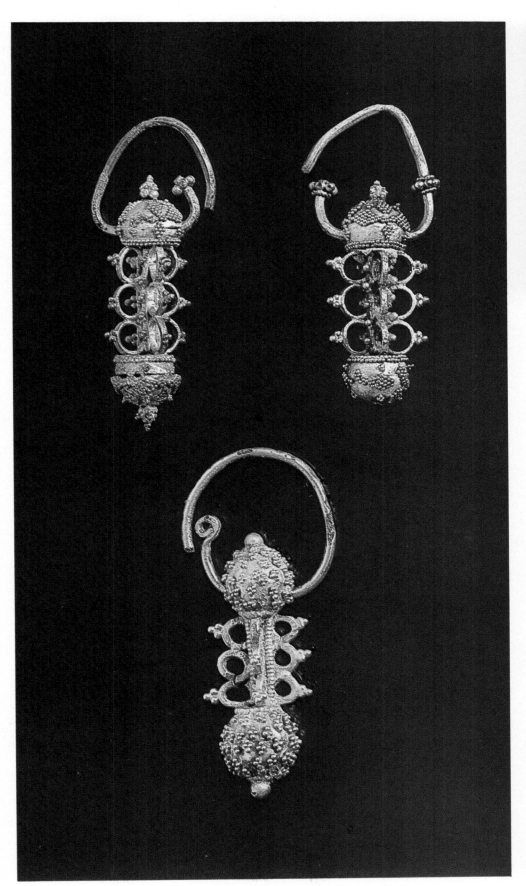

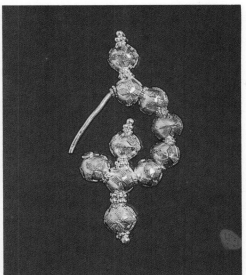

144. Körbchenförmige Silberohrringe
mit Filigran. Abklingen der großmährischen Tradition. Ducové

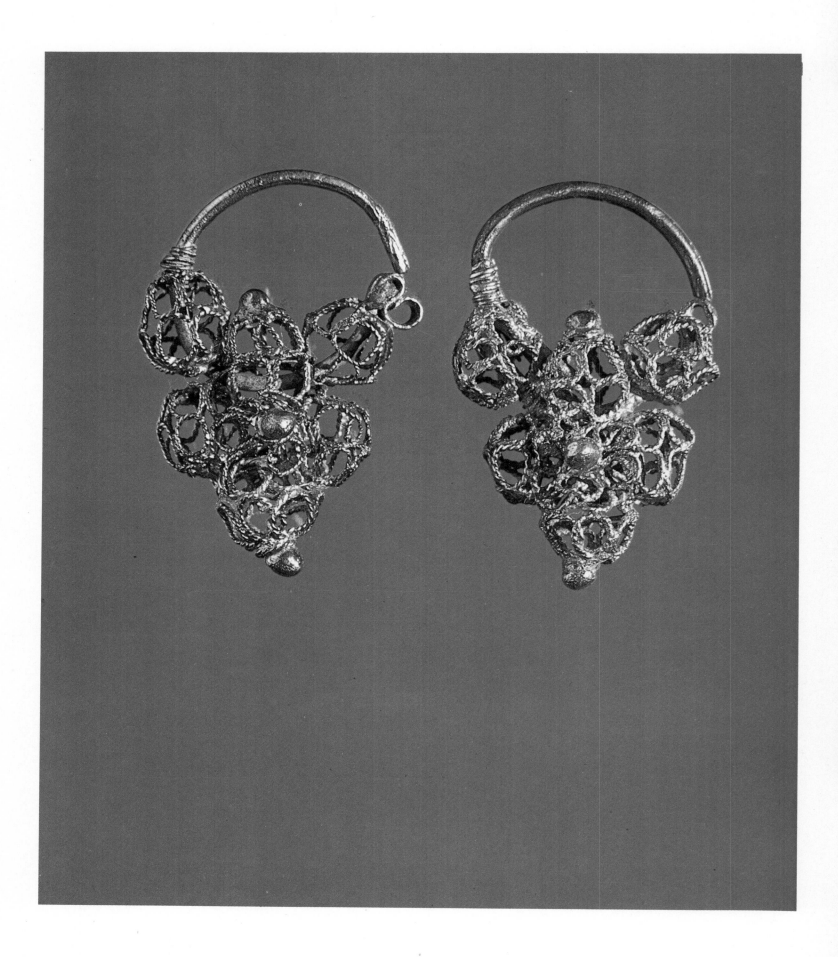

146. Körbchenförmiger Silberohrring.
Trnovec nad Váhom

147. Silberohrring mit Filigrankörbchen und mit eingesetzter Perle in
der Mitte. Staré Město

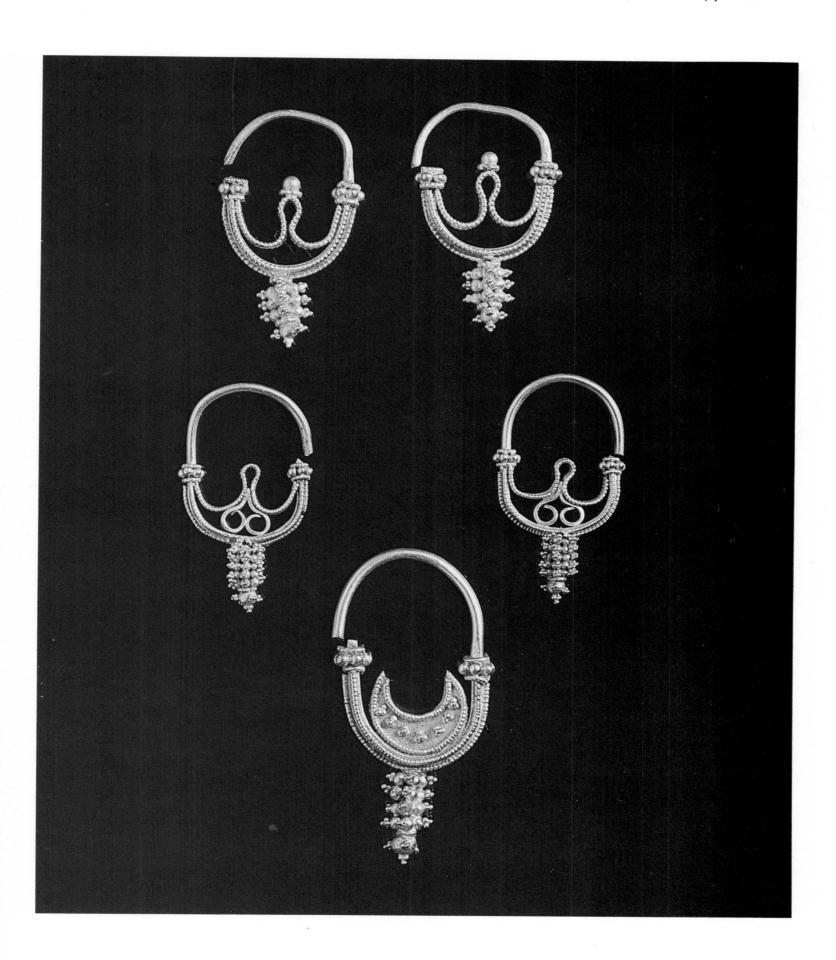

149. Aus Bronze gegossener Ohrring
    mit Halbmond. Nitra, Lupka

150—151. Aus Bronze gegossene Ohr-
    ringe von Angehörigen der unte-
    ren Volksschicht. Nitra, Lupka

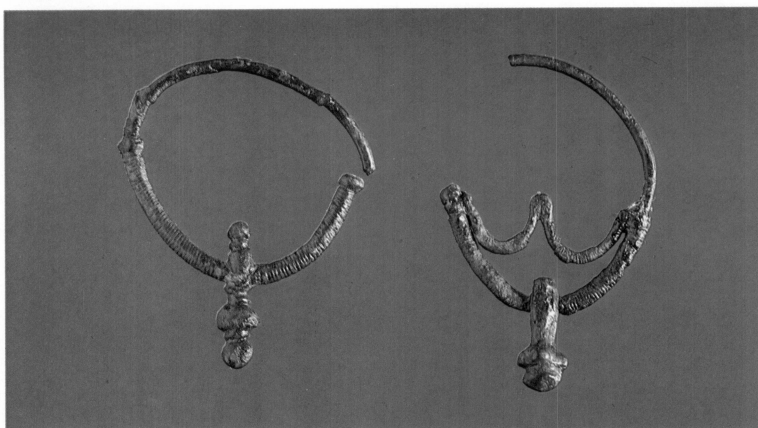

152. Drei Silberohrringe mit granuliertem unterem Bogen und mit
doppelseitigem traubenförmigem
Anhängsel. Staré Město

153. Halsband aus Glasperlen mit aus
     Bronze gegossenem halbmond-
     förmigem Anhängsel.
     Dolní Věstonice

155. Halskette aus pastosen Glasper-
     len mit bronzenem halbmondför-
     migem Anhängsel. Nitra, Lupka

156. Aus Bronze gegossenes halb-
     mondförmiges Anhängsel mit
     nach innen gedrehten Ecken.
     Nitra, Lupka

157. Silberner halbmondförmiger Anhänger mit feiner Granulation der
geometrisch gegliederten Flächen. Staré Město

158. Goldenes halbmondförmiges Anhängsel, an den Enden mit einer
Art Kettenfiligran verziert und in
der Mitte mit granulierten
Dreiecken und Rauten. Mikulčice

159. Detailaufnahme vom Anhängsel
des Halsbandes (155). Nitra,
Lupka

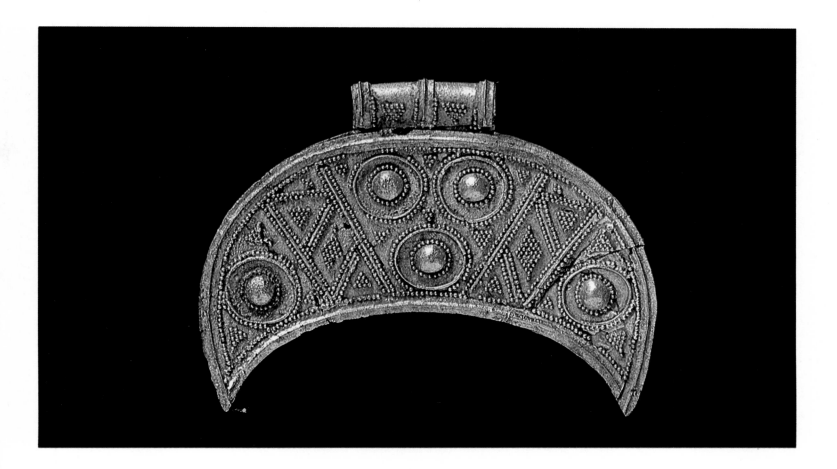

161. Halskette aus geblasenen Glasperlen, die die Form von Fäßchen
haben. Staré Město

162. Silberner Ring, dessen Bouton
mit Granulation und einer aufgesetzten Perle verziert ist. Mikulčice

163. Silberner Ring, dessen Bouton
mit Granulation, mit Filigran
und blauen Glasperlen verziert
ist. Mikulčice

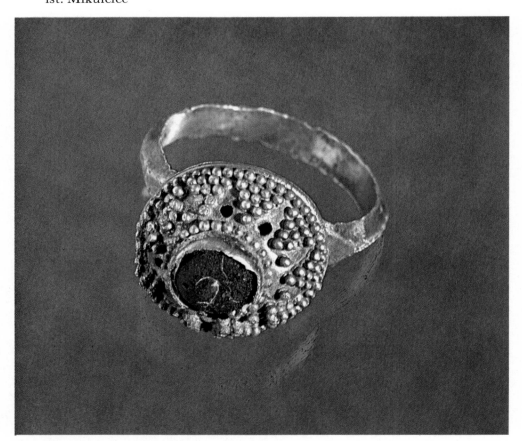

164. Vergoldeter Silberring mit granuliertem Bouton. Unten eine mit Filigran verzierte, silberne walzenförmige Kaptorga.
Staré Město

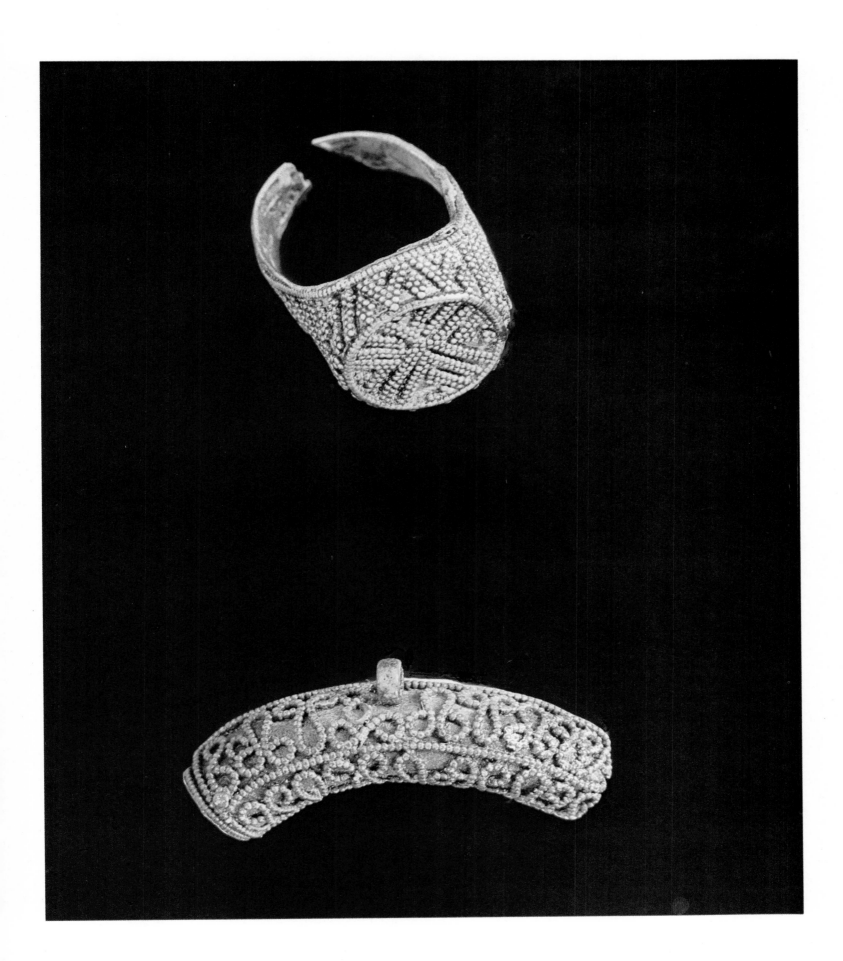

165. Rituelles Doppelgefäß aus feinem
     angeschwemmten Ton.
     Staré Město

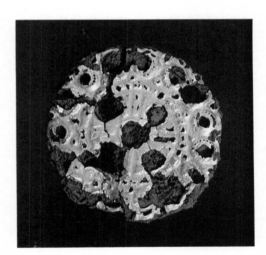

167. Silberner Ohrring mit kettenarti-
     gen Anhängseln und einer fein
     granulierten Tierplastik am unte-
     ren Ohrbogen. Stará Kouřim

169. Bronzene und versilberte, halbkreisförmig gebogene walzenartige Amulette, mit Filigran und
Granulation verziert.
Stará Kouřim

170. Sphärische, granulierte Perle und
silberne Knöpfe mit plastischer
Verzierung. Stará Kouřim

171. Goldohrringe mit doppelseitigem
     ährenförmigem Anhängsel.
     Stará Kouřim

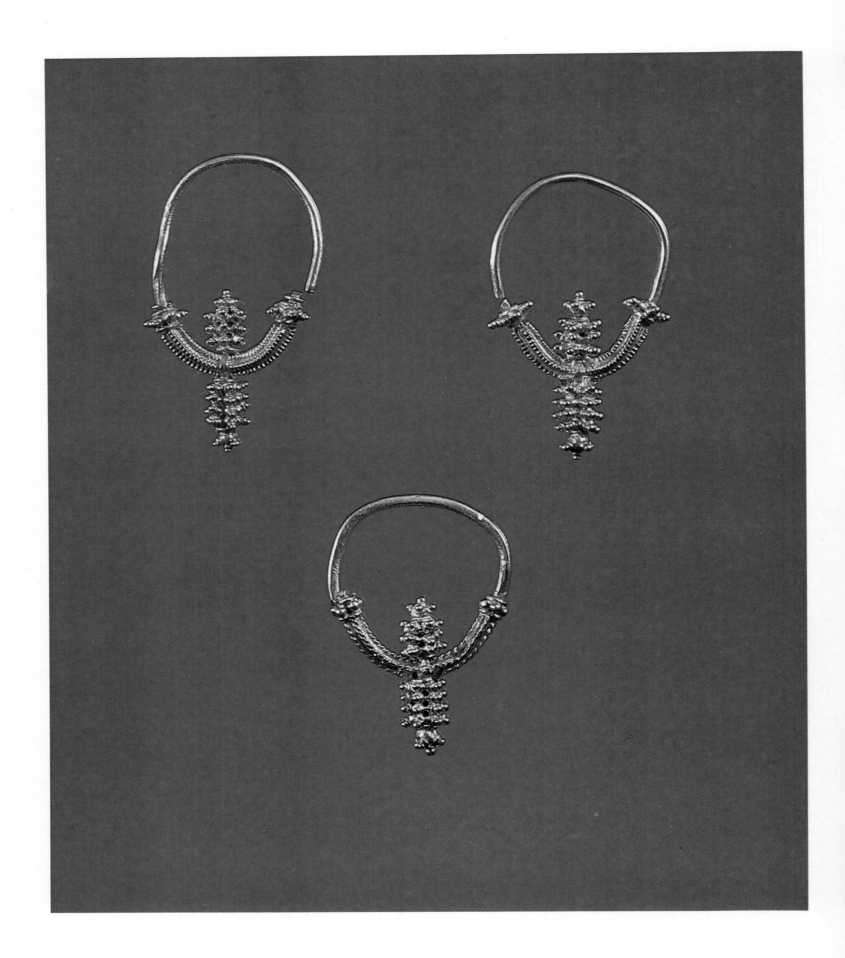

172. Halskette aus mit Gold plattierten Glasperlen, mit amethistähnlichen Perlen und mit silbernen
Filigrankörbchen. Ein Beispiel
für das Abklingen großmährischer Traditionen im Ungarn des
Frühfeudalismus. Ducové

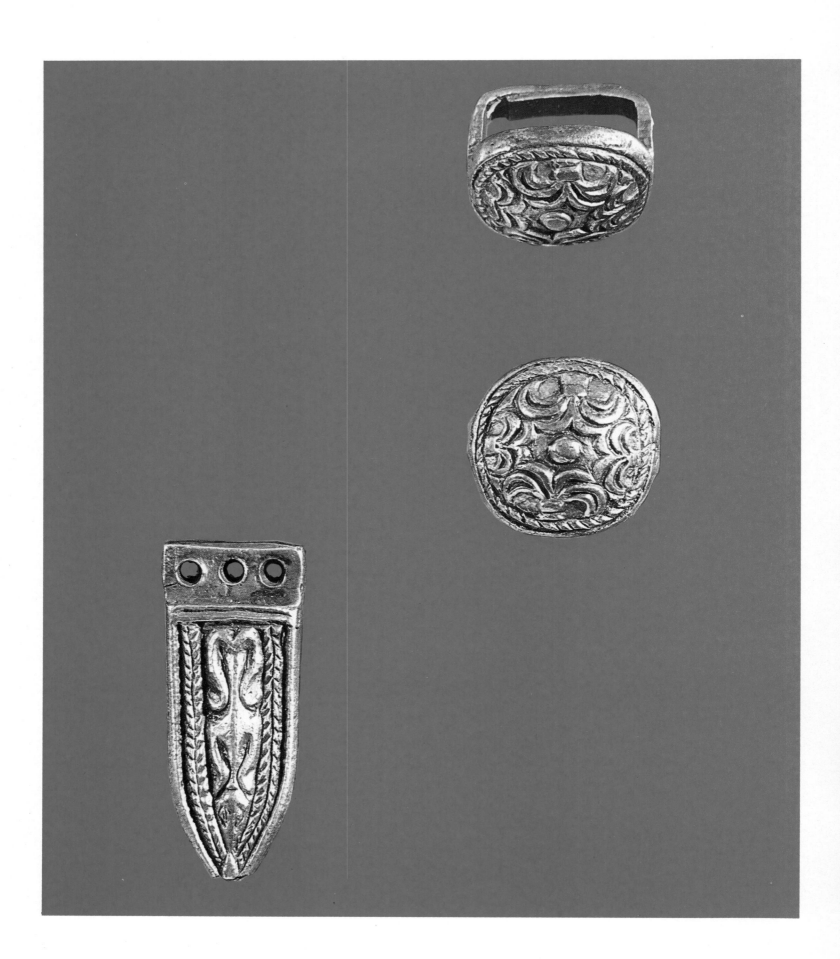

173. Vergoldete Riemenzunge aus Sil-
     ber mit Durchziehösen. Kolín

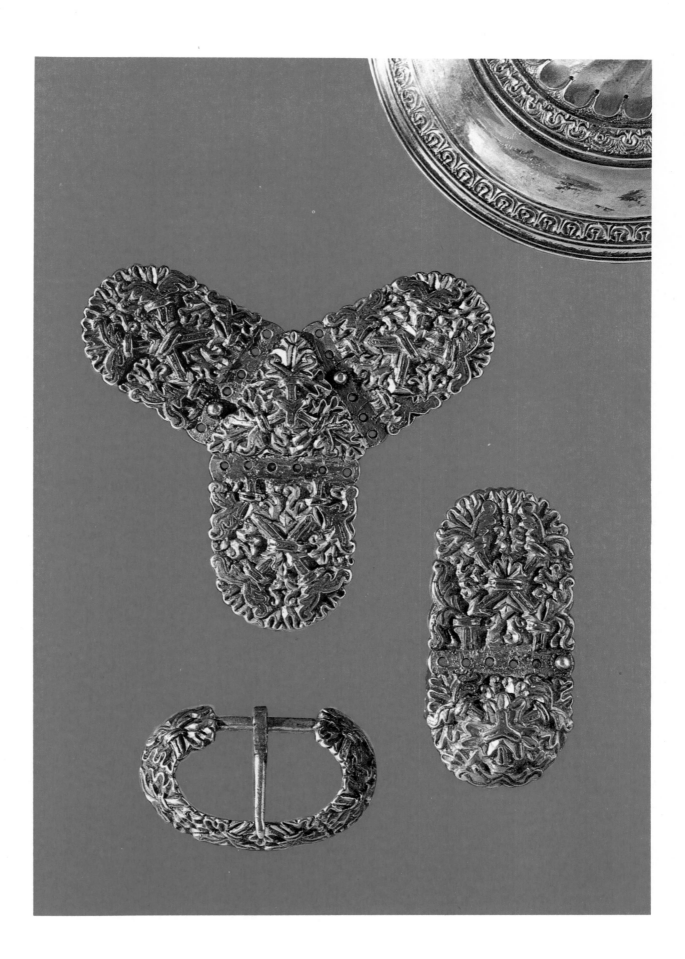

175. Goldene Kette mit einer antiken
Gemme in einem ovalen Medaillon. Želénky

177—178. Vorder- und Rückseite
eines vergoldeten Blechbeschlages mit dem Bild eines Falken
oder Adlers, der einen Hirsch
anfällt. Želénky

179. Grundmauern der Kirche.
Pohansko, Břeclav

180. Grundmauern der dreischiffigen
Basilika. Mikulčice

181. Grundmauern des Mausoleums. Mikulčice

182. Grundmauern des Gesamtkom-
     plexes der Kirchenbauten. Sady,
     Uherské Hradiště

183. Grundmauern der Rotunde mit
zwei Apsiden. Mikulčice

184. Grundmauern der kleinen Kirche
mit viereckiger Apsis und mit
Stützpfeilern. Mikulčice

185. Grundmauern von Wohngebäuden am Fürstenhof.
Pohansko, Břeclav

186. Grundmauern der Rotunde. Ducové, Moravany

450/550 Völkerwanderung der Slawen.

623 Erste Erwähnung des Reiches Samos.

631 Die Slawen besiegen bei Vogastisburg das fränkische Heer des Königs Dagobert.

658 Tod König Samos.

803 Slawische Fürsten werden in der Nachbarschaft Pannoniens erwähnt.

811 Slawische Heerführer werden im Bereich der mittleren Donau erwähnt.

822 Mährische Gesandte statten Kaiser Ludwig dem Frommen in Frankfurt einen Besuch ab.

830 Adalram, Erzbischof von Salzburg, weiht eine Kirche am Hof des Herzoges Pribina in Nitra (Neutra) ein. Pribina wird danach von Mojmir I. aus Neutra vertrieben. Dieser bildet einen gemeinsamen Staat der Mährer und Slawen.

845 14 böhmische Großfürsten empfangen in Regensburg die Taufe.

846 Der ostfränkische König Ludwig der Deutsche versucht Mähren zu bezwingen, setzt Mojmir ab und verhilft Rastislav zur Regierung.

847 Pribina wird Fürst des Plattenseegebietes.

852 Die Mährer gewähren dem fränkischen Magnaten Albgis Asyl.

855 Die Mährer schlagen einen Angriff Ludwigs des Deutschen zurück und verwüsten bei dessen Verfolgung das Gebiet der Ostmark südlich der Donau.

857 Rastislav gewährt dem Fürsten Slaviteg, den die Franken aus Böhmen vertrieben hatten, Asyl.

860 Rastislav schließt ein Bündnis mit Karlmann, dem Verwalter der Ostmark.

861 Pribina fällt im Kampf mit den Mährern; sein Sohn Kozel wird sein Nachfolger.

861/62 Eine mährische Gesandtschaft verlangt bei der römischen Kurie vergebens kirchenrechtliche Unabhängigkeit vom ostfränkischen Reich.

862 Erstes Erscheinen der Ungarn im Karpatenbecken.

863/64 Die Mährer erreichen in Byzanz die Entsendung einer Mission unter der Leitung Konstantins des Philosophen (Kyrill) und seines Bruders Methodius, die die Grundlagen des Schriftwesens im Altslawischen und der glagolitischen Schrift in Mähren schufen.

864 Ludwig der Deutsche belagert die Burg Theben (Devín). Rastislav schließt Frieden mit ihm.

865 Graf Werinhar bittet Rastislav um Beistand gegen Ludwig den Deutschen.

866 Ludwig, der Sohn Ludwigs des Deutschen, bittet Rastislav um Unterstützung gegen seinen Vater.

867 Die byzantinische Mission begibt sich von Mähren zum Plattenseegebiet, wo sie sich für einige Zeit bei dem Fürsten Kozel aufhält. Von dort reist sie nach Venedig, und Ende des Jahres trifft sie aus Einladung der Kurie in Rom ein.

868 Die byzantinische Mission erkennt die Zugehörigkeit des mährischen Gebietes zur Oberhoheit der Kurie an, welche deren Wirken in Mähren billigt.

869 Tod Konstantins des Philosophen (14. Februar). Vor seinem Tode war er in ein Kloster eingetreten und hatte den Namen Kyrill angenommen.

Die Kurie entsendet Methodius zu Rastislav, Svatopluk und Kozel und erlaubt, im Gottesdienst nach vorausgehender lateinischer Lesung das Altslawische zu benutzen.

Karlmann verwüstet das Herrschaftsgebiet Svatopluks.

Karl, der jüngste Sohn Ludwigs des Deutschen, wird gezwungen, von einer „gewissen unaussprechbaren" Festung Rastislavs zu weichen. Der Papst ernennt Methodius zum Erzbischof von Pannonien und Mähren.

870 Svatopluk ergibt sich Karlmann, nimmt Rastislav gefangen und liefert ihn an die Franken aus.

Karlmann überwältigt Mähren und bemächtigt sich des königlichen Schatzes. Methodius wird gefangengenommen. Rastislav wird in Regensburg in Haft genommen und geblendet.

871 Karlmann nimmt Svatopluk gefangen und setzt Methodius in Ellwangen in Haft.

Die Mährer erheben sich gegen Karlmann und erwählen Slavomir zu ihrem Fürsten; zugleich vertreiben sie alle fränkischen und bayerischen Geistlichen.

Karlmann läßt Svatopluk frei, der sich mit den Mährern verbündet, und vernichtet das bayerische Heer vor dem ehemaligen Regierungssitz Rastislavs.

872 Die Mährer schlagen Angriffe der Sachsen, Thüringer, Franken und Bayern zurück und besiegen ihre Heere.

873 Nach dem Einfall der Mährer in die Ostmark vereinbart Ludwig der Deutsche einen Waffenstillstand mit ihnen. Erzbischof Methodius wird aus der Haft entlassen und kehrt nach Mähren zurück.

874 Ein Gesandter Svatopluks schließt in Forchheim Frieden mit Ludwig dem Deutschen.

In den folgenden Jahren erweitert Svatopluk die Grenzen seines Reiches.

880 Auf Begehren Svatopluks nimmt die Kurie ihn und Großmähren ohne Rücksicht auf alle anderen weltlichen Herrscher in ihren Schutz. Sie erlaubt den Gebrauch der altslawischen Sprache und Schrift im Gottesdienst nach vorhergehender Lesung in Latein.

Svatopluk herrscht über das Gebiet der Lausitzer Sorben und über das Elbegebiet.

881 Methodius begibt sich auf Einladung des Kaisers Basileus I. nach Konstantinopel, wo sein Wirken in Mähren gebilligt wird.

882 Svatopluk greift in einen Streit in der Ostmark ein und verwüstet einen Teil ihres Gebietes. Außerdem schlägt er auf Anregung Arnulfs, eines Sohnes Karlmanns, einen Angriff der Bulgaren an der Theiß zurück. Die Mährer erbitten in Worms von Kaiser Karl III. die Schlichtung des Streits mit Arnulf.

883 Svatopluk plündert das Herrschaftsgebiet Arnulfs in Pannonien.

884 Svatopluk verwüstet Pannonien und gliedert das Plattenseegebiet seinem Reiche ein.

Kaiser Karl III. schließt am Monte Comiano Frieden mit Svatopluk und seinen Fürsten.

885 Gorazd wird als Nachfolger Methodius vorgesehen, und Bischof Wiching von Neutra wird mit dem Bann belegt.

Am 6. Februar stirbt Erzbischof Methodius.

Die Kurie bestätigt König Svatopluk den unmittelbaren Schutz. Wiching wird erneut Bischof von Neutra.

886 Legaten der Kurie untersagen Gorazd, das Bischofsamt auszuüben, und laden ihn vor die Kurie. Mit der Leitung der mährischen Kirche wird Wiching betraut.

887 Fast 200 Geistliche des altslawischen Ritus werden aus dem Großmährischen Reich vertrieben.

890 Arnulf verhandelt mit König Svatopluk auf dem Omuntesberg und erkennt die mährische Herrschaft über Böhmen an.

892 Die Mährer führen einen Krieg gegen Arnulf, welcher die Ungarn um Beistand bittet.

893 Wiching flieht zu Arnulf, der in Mähren geschlagen wird.

894 König Svatopluk stirbt, und die Mährer schließen Frieden mit den Bayern.

895 Böhmen fällt vom Großmährischen Reich ab und unterwirft sich Arnulf.

896 Die Ungarn siedeln sich östlich der Theiß an.
Arnulf von Kärnten wird zum Kaiser gekrönt.

897 Die Lausitzer Sorben verpflichten sich, Arnulf Steuern zu entrichten.

898 Der jüngere Sohn König Svatopluks, Svatopluk II., erhebt sich mit Hilfe Arnulfs gegen den älteren Mojmir. Die Bayern unternehmen zwei Feldzüge nach Mähren.

899 Auf ihrem Feldzug befreien die Bayern Svatopluk II. aus dem Gefängnis und nehmen ihn mit nach Bayern.
Die Mährer verhelfen Graf Isanrich wie schon früher zur Herrschaft in der Ostmark.
Legaten der Kurie erneuern die mährische Erzdiözese und weihen für das Gebiet des Großmährischen Reiches einen Erzbischof und drei Bischöfe.

900 Die Bayern und Böhmen fallen mit ihren Heeren in Mähren ein.

901 Die Mährer und Bayern schließen in Regensburg Frieden.

902 Die Mährer besiegen die Ungarn.

904/5 In Raffelstetten wird ein Zolltarif für den Handel in der Ostmark und mit den benachbarten Böhmen und Mährern festgesetzt.

907 Die Ungarn schlagen die Bayern bei Preßburg (Bratislava) (4. Juli).

949/52 Erwähnung Großmährens im Werk des byzantinischen Kaiser Konstantin Porfyrogenets.

950 Die Ungarn besetzen die Südslowakei bis zur Waag.

973 Mähren wird Teil des Böhmischen Reiches Boleslavs II.

KATALOG DER ABBILDUNGEN

(L = Länge,
B = Breite,
H = Höhe,
D = Durchmesser)

1. HOLIARE. Riemenzunge aus Silberblech mit gehämmertem Geflecht in Form von Achten. (L 9,7 cm.)

2. DOLNÉ SEMEROVCE. Versilberter und vergoldeter Eisenhelm des Baldenheimtyps. (H 19 cm, L 22 cm, B 21 cm.)

3. DOLNÉ SEMEROVCE. Vergoldeter Eisenhelm des Baldenheimtyps. (H 12 cm, L 22,8 cm, B 17,7 cm.)

4.–6. ŽURÁŇ. Fragmente einer Pyxis aus Elfenbein. (H 7,2 cm.)

7. HOLIARE. Riemenzunge aus Silberblech mit eingeprägter zickzackförmiger Schleife. (L 6,2 cm.)

8. ŽELOVCE. Vergoldete Gürtelgarnitur aus Blech mit eingepreßter plastischer Verzierung und mit eingelassenen hellblauen Glassteinchen. (Länge der großen Riemenzunge 7,6 cm, der kleinen Riemenzunge 2,3 cm, Kanten der viereckigen Beschläge 2,5 cm.)

9. ŽELOVCE. Vergoldete Gürtelgarnitur aus Blech mit eingepreßtem Ornament; die Glassteinchen sind herausgefallen. (Länge der großen Riemenzunge 7,2 cm, der kleinen Riemenzungen 2,6 cm, Durchmesser der rosettenförmigen Beschläge 2,8 cm.)

10. ŽELOVCE. Silberne Ohrringe mit kugelförmigem Anhängsel. (H 5,2 und 4 cm.)

11. ŽELOVCE. Goldene Ohrringe mit hohlem Anhängsel, das mit Granulation verziert ist. (H 3,5 cm.)

12. ŽELOVCE. Silberne Ohrringe mit trommelförmigem Anhängsel. (H 4,6 cm.)

13. HOLIARE. Silberne Ohrringe mit großer hohler mit dunkelblauen Steinen besetzter Perle; das Verbindungsstück ist mit kleinen Trommeln besetzt. (H 5,4 cm.)

14. HOLIARE. Silberner Ohrring mit bizarr geformten Trommeln. (H 6 cm.)

15. HOLIARE. Silberohrringe mit reich modelliertem Steg und mit einer Perle, die mit vergoldeten Augen versehen ist. (H 4,2 cm.)

16. ŽELOVCE. Mit Trommeln versehene Ohrringe aus Bronze mit halbmondförmig erweitertem unterem Bogen des Ringes. (H 4,8 cm.)

17. ŽELOVCE. Gehämmerte halbmondförmige Ohrringe aus Silberblech mit sternförmigen Anhängern. (H 4,5 cm.)

18. HOLIARE. Gehämmerter halbmondförmiger Ohrring aus Silberblech mit sternförmigem Anhänger. (H 7,5 cm.)

19. ŠTÚROVO. Gegossene halbmondförmige Bronzeohrringe mit sternförmigen Anhängern. (H 3,4 cm.)

20. ŽELOVCE. Zwei quadratische Beschläge aus Goldblech mit gehämmerter Verzierung. (L 3 cm, B 2,8 cm.) Zweiteilige Goldspange mit eingesetztem dunkelblauem ovalem Stein. (H 2,7 cm, B 2,3 cm.)

21. ŽELOVCE. Silberne offene Armreife. (D 6,9 und 6,6 cm.) Silberner Ring mit kleiner Platte, in die ein dunkelblauer Stein eingelassen ist. (D 1,8 cm.)

22. ŽELOVCE. Goldener Ohrring mit zylinderförmigem granuliertem Anhängsel. (H 2,8 cm.)

23. ZEMIANSKY VRBOVOK. Teil eines Silberschatzes:
   1. halbkugelförmige Silberschale mit aufgeprägter Verzierung (H 3,4 cm, D 16,4 cm);
   2. Silberkelch (H 7,4 cm, D 9,2 cm);
   3. silberner Armreif mit aufgehämmerter Verzierung (D 8,2 cm);

4. silberner Armreif mit aufgehämmerter Verzierung (D 6 cm);

5. gegossener Silberohrring. (H 3,9 cm.)

24. Keramik des Prager Typs.

25. ŽELOVCE. Keramik des Theiß-Typs. Grabbeigaben. (H 18 cm, 15 cm, 11 cm.)

26. ŽELOVCE. Handgeformte Keramik. Grabbeigaben. (H 18 cm, 15 cm, 13 cm.)

27. NOVÉ ZÁMKY. Gürtelgarnitur aus Bronzeguß. Auf der großen Riemenzunge das traditionelle Motiv des Tierkampfes. (L 10,2 cm.) Auf den rechteckigen Beschlägen der Greif, das Symbol des Lichtes, des Lebens und des Guten.

28. NOVÉ ZÁMKY. Gürtelgarnitur aus Bronzeguß. Auf der großen Riemenzunge stilisierte Tiere mit rückwärts gewandten Köpfen. (L 9,7 cm.) Maße der durchbrochenen Lochklappe 2 × 2,5 cm. Länge der kleinen Spangen 3 cm.

29. PRŠA. Aus Bronze gegossene Riemenzunge mit dem Motiv schreitender Tiere. (L 12,4 cm.)

30. ŽELOVCE. Gürtelgarnitur aus Silberblech. Neun rechteckige Beschläge mit eingeprägten Tiermotiven. (L 2,8 cm.) Sechs kleine Riemenzungen mit geprägter Verzierung. (L 2,8 cm.) Riemenzunge mit eingeprägtem Tiermotiv. (L 5,6 cm.)

31. DEVÍNSKA NOVÁ VES. Aus Bronze gegossene Riemenzunge mit dem Motiv ruhender Greifen. (L 8,7 cm.)

32. NOVÉ ZÁMKY. Riemenzungen aus Bronzeguß mit dem Motiv einander zugewandter Greifen und herzförmigen Ranken. (L 8,9 cm.)

33. ŽELOVCE. Rechteckige Beschläge aus gegossener Bronze. (L 3,7 cm.)

34. NOVÉ ZÁMKY. Riemenzunge aus gegossener Bronze mit dem Motiv einander zugewandter Greifen. (L 8,5 cm.)

35.—37. ŠEBASTOVCE. Große Riemenzunge aus Bronzeguß. Auf der Vorderseite ein bizarr modellierter Tierkampf, auf der Rückseite eine in Kreisen gewundene Ranke. (L 12,5 cm.)

38. ŽITAVSKÁ TÔŇ. Zwei trapezförmige Schnallen aus Bronze mit kleiner schildförmiger Platte. (L 3,1 cm.) Vier kreisförmige Beschläge aus Bronzeguß. (D 2 cm.) Durch-

brochene Bronzephalere (Brustschmuck für Pferde) mit dem beliebten Motiv einer Tierswastika. (D 6,1 cm.)

39. DEVÍNSKA NOVÁ VES. Kollektion durchbrochener Phaleren aus Bronze mit spiralenartiger Verzierung. (D 4,1 und 3,8 cm.)

40. BERNOLÁKOVO. Aus Bronze gegossener Durchziehring. (H 3,2 cm, D 2,2 cm.)

41. DEVÍNSKA NOVÁ VES. Bronzene Verzierung in Form einer Schlange. (H 2,7 cm.)

42. ŠTÚROVO. Durchbrochene Riemenzunge aus Bronze mit dem Motiv von Weinranken. (L 14,5 cm.)

43. ŠTÚROVO. Vergoldeter Bronzebeschlag mit stilisiertem Pflanzenornament. (Länge der Kante 2,2 cm.)

44. DEVÍNSKA NOVÁ VES. Aus Bronze gegossene Riemenzunge mit stilisierter Ranke. (L 9,5 cm.)

45. DEVÍNSKA NOVÁ VES. Vergoldete Riemenzunge, mit einem Rankenmotiv verziert. (L 10,3 cm und 3,5 cm.)

46. HOLIARE. Versilberte Gürtelgarnitur aus Bronze mit dem Motiv einer flachen, in Kreisen gewundenen Ranke. (Länge der großen Riemenzunge 9,4 cm.)

47. ŽITAVSKÁ TÔŇ. Durchbrochene Riemenzunge mit Lilienornament. (L 3,2 cm.)

48. ŽELOVCE. Aus Bronze gegossene Riemenzunge mit durchbrochener Schachbrettverzierung. (L 11,7 cm.)

49. BERNOLÁKOVO. Gegossene Riemenzunge mit durchbrochener kreuzförmiger Verzierung. (L 8 cm.)

50. ŽITAVSKÁ TÔŇ. Vergoldete, aus Bronze gegossene Beschläge in Form einer stilisierten Tiermaske. (B 2,4 cm.)

51. ŠAĽA NAD VÁHOM. Versilberte, aus Bronze gegossene Gürtelgarnitur. Auf den scheibenförmigen Beschlägen mit Anhänger die stilisierte Gestalt eines Greifs. (H 4,8 cm, D 2,2 cm.) Große Riemenzunge mit Rankenmuster. (L 8,2 cm.) Kleine Riemenzunge mit durchbrochenem Rahmen. (L 3,9 cm.) Kleine Spange mit Pflanzenornament. (L 4,4 cm.)

52. NOVÉ ZÁMKY. Aus Bronze gegossene Gürtelgarnitur mit grob durchbrochenem Gitterornament. Länge der großen Riemenzunge 7,1 cm, der kleinen Riemenzunge

3 cm. Zungenförmige Beschläge mit halbkreisförmigem Anhänger. Länge 3,6 cm.

53. HRANIČNÁ NAD HORNÁDOM. Aus Bronze gegossene Schnallenplättchen mit dem Motiv eines Pfaus. (L 4,9 cm.) Bronzene Riemenzunge mit dem Motiv stilisierter Drachen. (L 10,5 cm.)

54. DEVÍNSKA NOVÁ VES. Schmuckgarnitur aus einem Reitergrab. Zwei Phaleren mit dem vergoldeten Ornament eines Schildbuckels. (D 9,1 cm.) Eine aus Bronze gegossene Riemenzunge mit Rückenplatte in Form eines Pferdekopfes. (L 6,9 cm.) Zwei kleinere Riemenzungen in Form von Eberköpfen. (L 3,9 cm.) Bronzebeschläge in Form von Adlerköpfen. (L 4,4 cm.)

55. DEVÍNSKA NOVÁ VES. Die Riemenzunge in Form eines Pferdekopfes in Vergrößerung.

56. DEVÍNSKA NOVÁ VES. Eiserne Phalere, mit Goldplättchen belegt. (D 13,5 cm.)

57. ŽITAVSKÁ TÔŇ. Mit Gold belegte eiserne Phalere mit geometrischem Ornament und Pflanzenmotiven.

58. HEVLÍN. Gürtelgarnitur, aus Bronze gegossen. Auf den kreisförmigen Beschlägen die Nereide auf dem Hippokampus. (D 2,5 cm.) Länge der großen Riemenzunge 6,2 cm. Länge der kleinen Riemenzunge 3,6 cm. Länge der Beschläge mit den einander zugewandten Tierköpfen 4,3 cm.

59. BERNOLÁKOVO. Kollektion vergoldeter Bronzebeschläge mit stilisierter pflanzen- und schuppenartiger Verzierung.

60. BERNOLÁKOVO. Vergoldeter Bronzebeschlag mit durchbrochenem Blattmuster. (L 4 cm.)

61. NOVÉ ZÁMKY. Gürtelgarnitur aus gegossener Bronze. Auf der großen Riemenzunge anthropomorphe Ornamentik. (L 14 cm.) Wappenförmige Beschläge mit Anhänger. (H 5 cm.) Diese Garnitur wird in die zweite Hälfte des 8. Jahrhunderts datiert. Länge der kleinen Riemenzungen 4,7 cm.

62. NOVÉ ZÁMKY. Große Riemenzunge aus der vorhergehenden Garnitur. Die hockende Gestalt mit der Geste eines Beters stammt vielleicht aus der orientalischen Vorstellung der betenden Seele.

63. ŠEBASTOVCE. Aus Bronze gegossene Riemenzunge mit figuraler Verzierung, deren Bedeutung ungeklärt ist. (L 4 cm.)

64. HRANIČNÁ NAD HORNÁDOM. Aus Bronze gegossener Durchziehring mit einer tierähnlichen Gestalt. Ausschnitt aus einer größeren Komposition. 2,5 × 2 cm.

65. DOLNÉ DUNAJOVICE. Riemenzunge aus Bronzeguß mit durchbrochener figuraler Verzierung. (L 12,5 cm.) Die Themen der einzelnen Szenen stammen aus dem bekannten Herakles-Zyklus. Auf dem unteren Bild sieht man Herakles selbst mit der Keule in der linken und dem Fell des nemeischen Löwen in der rechten Hand. Im mittleren Bild erschlägt Herakles den Kentauren Nessos, auf dem oberen ist der Kampf mit Hyppolita, der Königin der Amazonen, dargestellt. Auf der Rückenplatte ist der erimantische Eber abgebildet. Die Riemenzunge ist ein schönes Beispiel für das Wiederaufleben hellenistischer Traditionen.

66. MORAVSKÝ JÁN. Aus Bronze gegossene Riemenzunge mit der Gestalt eines Falkners. Seine Kleidung erinnert an die heutige Tracht von Detva. (L 9 cm.)

67. HOLIARE. Zweiteilige Spange aus Bronze mit rosettenförmig eingesetzten farbigen Glasperlen. (D 2,6 cm.)

68. NOVÉ ZÁMKY. Bronzene Ohrringe mit doppelseitigem Anhängsel aus granulierten Kränzchen und hellblauen Perlen. (H 4 cm.)

69. ŽELOVCE. Goldohrringe mit granuliertem Steg und türkisfarbenen Perlen. (H 4 cm.)

70. HOLIARE. Vergoldete Bronzeohrringe mit doppelseitigem Anhängsel in Form von granulierten Kränzchen und blauen Perlen. (H 4,2 cm.)

71. ŽELOVCE. Goldene Ohrringe mit doppelseitigem konischem Anhängsel, dessen Ende mit Glasperlen besetzt ist. (H 4 cm.)

72. ŽELOVCE. Verschiedenartige goldene Ohrringe. (H 2,2 cm, 3,4 cm, 4 cm.)

73. HOLIARE. Bronzeohrring mit doppelseitigem Anhängsel und mit fünf blauen Perlen am unteren Ohrbogen. (H 3,1 cm)

74. MIKULČICE. Tierplastik aus Ton, rituellen Ursprungs. Länge der größten Figur 15,5 cm.

75. MIKULČICE. Weitere Varianten von Tieridolen. (L 5,5 und 7,5 cm.)

76. Zwei Typen von gelber Keramik aus Holiare, Höhe 16,9 cm, und aus NOVÉ ZÁMKY, Höhe 10 cm.

77. NOVÉ ZÁMKY. Gelbe Grabkeramik. Flaschenartiges Gefäß. (H 21,6 cm.) Krugförmiges Gefäß mit abgeschlagenem Ausguß. (H 18 cm.) Kleine Schale. (H 10,5 cm.)

78. ŽELOVCE. Keramik des Donau-Typus, Grabfunde. (Höhe 17 und 8,6 cm.)

79. MIKULČICE. Durchbrochener Beschlag aus Bronze mit dem Motiv des Kampfes zwischen Greif und Drachen (H 3 cm.)

80. MIKULČICE. Bronzebeschlag in Form eines Pferdekopfes mit reich gehämmerter Halbpalmettenverzierung (L 6 cm.)

81. HOLIARE. Beschlag aus Bronzeguß in Form eines Eberkopfes mit gehämmerter halbpalmettenartiger Verzierung auf punziertem Grund. (L 7,2 cm.) Drei kleine Bronzebeschläge gleicher Form. (L 1,9 cm.)

82. BLATNICA. Auswahl von Fundgegenständen aus dem Grab eines Feudalherrn. Die vergoldeten wappenartigen (H 3,4 cm), trapezf- (H 3,2 cm) und zungenförmigen (H 2,9 und 3,4 cm) Beschläge repräsentieren die letzte Entwicklungsstufe in der Herstellung von Bronzeguß an der mittleren Donau. Der schlüsselförmige seitliche Durchziehring (L 8,5 cm) und die kreuzförmigen Beschläge (L 8,3 cm) mit Fragmenten stammen von einem Pferdegeschirr. Länge des Schwertes 67,2 cm.

83. ŽITAVSKÁ TÔŇ. Vergoldete bronzene Riemenzunge (L 9,2 cm), die in ihrer Technologie und ornamentalen Ausführung schon den Blatnica-Horizont ankündigt.

84. ŽITAVSKÁ TÔŇ. Vergoldete kreisförmige Beschläge aus demselben Bereich. (D 2,3 cm.)

85.—86. ŠAĽA NAD VÁHOM. Gegossene Bronzeschnalle mit durchbrochenem Rückenplättchen. (L 6 cm.) Aus Bronze gegossene durchbrochene Riemenzunge. (L 8,8 cm.) Das Ornament und der stilisierte Lebensbaum variieren uralte mediterrane Symbole.

87. GAJARY. Rosettenförmige Phalere aus Bronzeguß. (D 4 cm.)

88. BLATNICA. Griff eines mit vergoldetem Bronzeblech plattierten Prunkschwertes, das mit einer silbernen Tausierung verziert ist. Das deutlich geometrische Ornament

in Verbindung mit menschlichen Masken repräsentiert den karolingischen Anteil im Kunstgewerbe unseres Gebietes.

89. MIKULČICE. Vergoldete Sporen aus Bronzeguß mit Halbpalmetten- und Maskenverzierung auf den in Kassettenform gegliederten Armen (L 11,6 und 12,1 cm.)

90. MIKULČICE. Kollektion vergoldeter Sporen mit Zubehör. Die Riemenzunge (L 2,3 cm) und die Schnalle mit Durchziehring (L 5,1 cm) sind mit dem gleichen Halbpalmettenmuster verziert.

91. MIKULČICE. Bronzene, mit Silber tausierte Sporen (L 11,3 cm) mit Zubehör.

92. MIKULČICE. Vergoldete Bronzesporen mit Maskenverzierung, mit Zubehör und vergoldeten Knöpfen.

93. MIKULČICE. Vergoldete Riemenzunge aus Bronze, mit einem Kerbschnitzornament verziert. (L 3,1 cm.)

94. STARÉ MĚSTO. Vergoldete Riemenzunge aus Bronze mit dem Motiv herzförmig verflochtener stilisierter Schlangen. (L 3,7 cm.)

95. MIKULČICE. Vergoldete Bronzespange in Form von Vögeln. (L 2,6 cm.) Vergoldete Riemenzunge aus Bronze mit reicher Reliefverzierung (L 3 cm) und vergoldete Bronzeschnalle.

96. MIKULČICE. Vergoldete Riemenzunge aus Bronze mit reicher durchbrochener Verzierung aus Pflanzenornamenten. (L 6 cm.)

97. STARÉ MĚSTO. Vergoldeter ovaler Durchziehring und vergoldete Riemenzungen aus Bronze mit stilisiertem Pflanzenornament, in Kerbschnitztechnik gearbeitet.

98. ŽITAVSKÁ TÔŇ. Zwei vergoldete Riemenzungen aus Bronzeguß mit durchbrochenem Pflanzenornament. (L 6 cm.) Zwei vergoldete herzförmige Beschläge. (H 3 cm.) Zwei vergoldete Beschläge mit Anhänger. (H 4,6 cm.) Ein vergoldeter, aus sechs Masken bestehender Beschlag aus Bronze. (H 6,5 cm.) Drei vergoldete, aus je drei Masken bestehende Beschläge aus Bronze. (H 3 cm.)

99. ŽITAVSKÁ TÔŇ. Aus sechs Masken bestehende Phalere aus stark vergoldetem Bronzeblech. (H 6,5 cm.)

100. HRADEC. Vergoldeter Bronzebeschlag mit dem Motiv schematisierter Tiergestalten im typisch insularen Stil. (L 3,7 cm.)

101. MIKULČICE. Fragment einer vergoldeten Riemenzunge aus Silber. (L 5,2 cm.) Im umflochtenen Medaillon zu beiden Seiten des stilisierten Lebensbaumes einander zugewandte Pfaue. Die Schleife an ihrem Hals zeugt von der iranischen Vorlage.

102. MIKULČICE. Vorderseite einer vergoldeten silbernen Riemenzunge mit grob granuliertem Rand und mit imitierten Perlen im mittleren Feld. (L 5,9 cm.)

103. MIKULČICE. Flache untere Seite derselben Riemenzunge (102). Die eingeritzte Gestalt des Bischofs in Gebetshaltung stimmt innen mit dem Motiv der Maske und der Augen auf den „Perlen" auf der Vorderseite der Riemenzunge überein.

104. MIKULČICE. Vergoldete kupferne Riemenzunge mit einem aus Pflanzenornamenten gebildeten Rahmen auf der Vorderseite und der Gestalt eines kauernden Frosches in der Mitte. (L 6,4 cm.)

105. MIKULČICE. Rückseite derselben Riemenzunge (104) mit der stark stilisierten Gestalt eines Mannes, der die Insignien der weltlichen Macht und der Salbung trägt.

106. POBEDIM. Eisenbeschlag von einem Pferdegeschirr mit markant gegliederter Reliefverzierung. Größe des kreuzförmigen Beschlages 6,7 cm.

107. HOLIARE. Vergoldete Silberohrringe mit halbmondförmigem Bogen aus Filigran und traubenförmigem Anhängsel. (H 3,1 m.)

108. POBEDIM. „Salzfäßchen" aus Hirschhorn, mit eingeritztem geometrischem Ornament verziert.

109. MIKULČICE. Fragment eines Griffs aus Hirschhorn (L 9,6 cm), schraubenförmig verziert.
STARÉ MĚSTO. Aus einem Knochen gefertigtes Horn mit eingeritzter geometrischer Verzierung. (L 9,6 cm.)
NITRA — Martinský vrch (Martinsberg). Ahle aus Knochen mit einfacher gitterähnlicher Verzierung. (L 10,3 cm.)

110. MIKULČICE. Silberner vergoldeter Reliquienbehälter in Form eines Meßbuches, reich verziert mit Granulation und Filigran. (L 3,9 cm.)

111. MIKULČICE. Vergoldete Riemenzunge aus Silber. Ihre gebogene, breite Randleiste ist reliefartig mit Elementen verziert, die aus einem kettenförmigen Filigran gebildet sind. (L 3,9 cm.) Die Mitte wird im Spiegelbild durch ein Ornament aus Zweigen ausgefüllt. (L 6,7 cm.)

112. MIKULČICE. Rückseite der Riemenzunge (111) mit dem stilisierten Lebensbaum im geflochtenen Rahmen.

113. MIKULČICE. Riemenzunge aus dünnem Silberblech. Auf der Vorderseite ein dichtes Netz von geflochtenen Drähtchen und durchbrochenen Streifen mit drei symmetrisch eingesetzten Steinen. (L 7,2 cm.)

114. MIKULČICE. Rückseite der Riemenzunge (113) mit der gehämmerten und durch Ritzen vervollständigten Gestalt eines Beters in bemerkenswertem männlichen Gewand.

115. STARÉ MĚSTO. Rückseite der Riemenzunge (116) mit deutlichem Palmettenornament.

116. STARÉ MĚSTO. Silberne Riemenzunge, mit Goldfiligran und Halbedelsteinen verziert. (L 8 cm.)

117. MIKULČICE. Prunkhafte goldene Riemenzunge mit einem Almandin. (L 3,4 cm.)

118. MODRÁ. Silbernes Anhängsel mit karneolroter Gemme, auf der die Gestalt eines Eroten mit dem Hahn eingeritzt ist. (D 1,4 × 1,2 cm.)

119. STARÉ MĚSTO. Perle aus Millefioriglas.

120. MIKULČICE. Kleine Riemenzunge mit antiker Gemme. Auf der Gemme neben dem Kopf des Zeus und des Adlers auch ein Porträt des berühmten Bildhauers Phidias. (L 2,4 cm.)

121. MIKULČICE. Kleines vergoldetes Bronzekreuz mit der Gestalt Christi in Gebetshaltung mit den Symbolen von Sonne und Mond auf den beiden Seitenarmen und einem Omega auf dem unteren Teil des Längsbalkens. (H 4,3 cm, B 4,6 cm.)

122. TRNOVEC NAD VÁHOM. Zweiteilige Kaptorga (Amulettbehälter) aus Bronze. (H 6,8 cm, B 3,8 cm.)

123. MIKULČICE. Vergoldeter kreuzförmiger Beschlag aus Bronze mit Masken an den Balkenenden. (H 5,8 cm.)

124. MIKULČICE. Kleines Kreuz aus Blei. (H 2,8 cm.)

125. DOLNÍ VĚSTONICE. Halsband aus Glasperlen mit drei Bleikreuzchen. Größe der Kreuzchen 2 × 2,2 cm.

126. MIKULČICE. Kleines, aus Silber gegossenes Kreuz mit expressivem Ausdruck der Züge Christi. (4,5 × 3,2 cm.)

127. MAČA. Bronzene Kaptorga mit den eingeritzten Gestalten der drei Marien. (8,5 × 5,4 cm.)

128.–129. MIKULČICE. Mit doppeltem Mantel versehene Goldknöpfe, die mit Filigran und einem angeschmolzenen Gitter verziert sind. (3,3 × 3 cm.)

130. MIKULČICE. Goldene Ohrringe in Laternenform mit aufgesetzten farbigen Glasaugen. (H 2,5 cm.)

131. STARÉ MĚSTO. Silberner scheibenförmiger Beschlag mit dem Bild des Falkners. (D 4 cm.)

132.–133. MIKULČICE. Hornscheibe mit der Abbildung eines Tierkampfes und eines knienden Bogenschützen in Flachrelief. (D 4,5 cm.)

134. MIKULČICE. Rosetten- und kreisförmige Scheiben aus Hirschhorn. (D 3,4 und 3,2 cm.)

135. NITRA – Amphitheater. Vergoldete Bronzeknöpfe mit polygonaler Form aus dem 10. Jahrhundert. (H 4,1 cm, D 3,6 cm.)

136.–137. STARÉ MĚSTO. Kollektion von Knöpfen mit typischem Pflanzen- und Palmettenornament.

138. STARÉ MĚSTO. Zweifarbige Glasknöpfe. (H 1,9 cm, D 1,6 cm.)
BŘECLAV, POHANSKO. Glasknöpfe in silbernem geflochtenem Körbchen. (H 3,1 cm, D 2,6 cm.)
STARÉ MĚSTO. Goldener Kugelknopf mit granuliertem Mantel. (H 2,8 cm, D 2,1 cm.)

139. STARÉ MĚSTO. Trommelförmige Gold-und Silberohrringe mit reicher Granulation. (H 3,7 cm und 2,8 cm.)

140. STARÉ MĚSTO. Goldohrringe mit doppelseitigem trommelförmigem Anhängsel und mit sechs kleinen Trommeln am Ohrbogen. (H 4,5 cm.) Silberner trommelförmiger Ohrring mit granuliertem Kränzchen am Steg. (H 5,5 cm.)

141. STARÉ MĚSTO. Goldene halbmondförmige Ohrringe mit Trommelanhängsel. Halbmond und Trommeln reich granuliert. (H 3,3 und 3,5 cm.)

142. STARÉ MĚSTO. Silberne und vergoldete Ohrringe mit einem Anhängsel in Form eines Stäbchens, das zu beiden Seiten von einer kleinen granulierten Trommel abgeschlossen wird. (H 3,8 und 4,5 cm.)

143. MIKULČICE. Goldohrring mit einer außergewöhnlich

großen Zahl kleiner granulierter Trommeln. (H 5,2 cm.)

144. DUCOVÉ. Körbchenförmige Silberohrringe mit Filigran. (H 4,3 cm.) Abklingen der großmährischen Tradition.

145. STARÉ MĚSTO. Körbchenförmige Goldohrringe. (H 5 cm.)

146. TRNOVEC NAD VÁHOM. Körbchenförmiger Silberohrring. (H 5,7 cm.)

147. STARÉ MĚSTO. Silberohrring mit Filigrankörbchen und mit eingesetzter Perle in der Mitte. (H 5,2 cm.)

148. Ausgewählte Varianten goldener Ohrringe mit Halbmond und klassischem granuliertem Anhängsel. In der oberen und mittleren Reihe: STARÉ MĚSTO, unten: BRNO, STARÉ ZÁMKY PRI LÍŠNI. (H 2,5 und 3,8 cm.)

149. NITRA, LUPKA. Aus Bronze gegossener Ohrring mit Halbmond. (H 4,2 cm.)

150.–151. NITRA, LUPKA. Aus Bronze gegossene Ohrringe von Angehörigen der unteren Volksschicht. (H 4–4,2 cm.)

152. STARÉ MĚSTO. Drei Silberohrringe mit granuliertem unterem Bogen und doppelseitigem traubenförmigem Anhängsel. (H 2,5 cm.)

153. DOLNÍ VĚSTONICE. Halsband aus Glasperlen mit aus Bronze gegossenem halbmondförmigem Anhängsel. Breite des Anhängsels 4 cm.

154. STARÉ MĚSTO. Halsband aus Millefioriperlen mit halbmondförmigem Anhängsel. Breite des Anhängsels 4,4 cm.

155. NITRA, LUPKA. Halskette aus pastosen Glasperlen mit bronzenem halbmondförmigem Anhängsel. (B des Anhängsels 4 cm.)

156. NITRA, LUPKA. Aus Bronze gegossenes halbmondförmiges Anhängsel mit nach innen gedrehten Ecken. (B 3 cm.)

157. STARÉ MĚSTO. Silberner halbmondförmiger Anhänger mit feiner Granulation der geometrisch gegliederten Flächen. (B 6,6 cm.)

158. MIKULČICE. Goldenes halbmondförmiges Anhängsel, an den Enden mit einer Art Kettenfiligran verziert und in der Mitte mit granulierten Dreiecken und Rauten. (B 2,6 cm.)

159. NITRA, LUPKA. Detailaufnahme von Anhängsel des Halsbandes (155).

160. STARÉ MĚSTO. Millefioriperlen.

161. STARÉ MĚSTO. Halskette aus geblasenen Glasperlen, die die Form von Fäßchen haben.

162. MIKULČICE. Silberner Ring, dessen Bouton mit Granulation und einer aufgesetzten Perle verziert ist. (D 3 cm, Durchmesser des Boutons 2,2 cm.)

163. MIKULČICE. Silberner Ring, dessen Bouton mit Granulation, Filigran und blauen Glasperlen verziert ist. (D 2,4 cm.)

164. STARÉ MĚSTO. Vergoldeter Silberring mit granuliertem Bouton. (D 1,8 cm.) Unten eine mit Filigran verzierte, silberne walzenförmige Kaptorga. (L 4,2 cm.)

165. STARÉ MĚSTO. Rituelles Doppelgefäß aus feinem Angeschwemmtem Ton. (H 9 cm.)

166. STARÉ MĚSTO. Vergoldete scheibenförmige Schnalle aus Bronze. (D 4,8 cm.)

167. STARÁ KOUŘIM. Silberner Ohrring mit kettenartigen Anhängseln und einer fein granulierten Tierplastik am unteren Ohrbogen. (H 16,5 cm.)

168. STARÁ KOUŘIM. Silberohrringe mit kettenförmigem Anhängsel und dem Motiv des Halbmonds, bzw. einer Mitra am unteren Bogen des Ringes. (H 15,4 und 17 cm.)

169. STARÁ KOUŘIM. Bronzene und versilberte, halbkreisförmig gebogene walzenartige Amulette, mit Filigran und Granulation verziert. (L 7–8,5 cm.)

170. STARÁ KOUŘIM. Sphärische, granulierte Perle und silberne Knöpfe mit plastischer Verzierung.

171. STARÁ KOUŘIM. Goldohrringe mit doppelseitigem ährenförmigem Anhängsel.

172. DUCOVÉ. Halskette aus mit Gold plattierten Glasperlen, mit amethistähnlichen Perlen und mit silbernen Filigrankörbchen. Ein Beispiel für das Abklingen großmährischer Traditionen im Ungarn des Frühfeudalismus.

173. KOLÍN. Vergoldete Riemenzunge aus Silber mit Durchziehösen.

174. KOLÍN. Silberne Beschläge des karolingischen Typs von einem Schwertgurt, ausgelegt mit Nielloarbeit.

175. ŽELÉNKY. Goldene Kette mit einer antiken Gemme in einem ovalen Medaillon.

176. ŽELÉNKY. Goldkette mit goldenem Medaillon.

177.–178. ŽELÉNKY. Vorder- und Rückseite eines vergoldeten Blechbeschlages mit dem Bild eines Falken oder Adlers, der einen Hirsch anfällt.

179. Grundmauern der Kirche. Pohansko, Břeclav

180. Grundmauern der dreischiffigen Basilika. Mikulčice

181. Grundmauern des Mausoleums. Mikulčice

182. Grundmauern des Gesamtkomplexes der Kirchenbauten. Sady, Uherské Hradiště

183. Grundmauern der Rotunde mit zwei Apsiden. Mikulčice

184. Grundmauern der kleinen Kirche mit viereckiger Apsis und mit Stützpfeilern. Mikulčice

185. Grundmauern von Wohngebäuden am Fürstenhof. Pohansko, Břeclav

186. Grundmauern der Rotunde. Ducové, Moravany

Åberg, N., Die Goten und Langobarden in Italien, Uppsala-Leipzig 1923.

Almanach Veľká Morava, Brno 1965.

Arbman H., Schweden und das Karolingische Reich, Stockholm 1937.

Arbman H., Blatnica und Vaage. PA LIII, 1962, 331—338.

Bank A. V., Vizantijskoe iskusstvo v sobranijach Sovetskogo Sojuza, Leningrad 1966.

Beckwith J., Coptic Sculpture, London 1963.

Beckwith J., Early Medieval Art, London 1964.

Benda Kl., Contribution à l'étude du style des parures de la Grande Moravie. Byzantinoslavica XXII, 1961, 55—64.

Benda Kl., Pozdně avarské nákončí z hrobu 22 v Modré u Velehradu. PA LIII, 1962, 339—346.

Benda Kl., Stříbrný terč se sokolníkem ze Starého Města u Uherského Hradiště. PA LIV, 1963, 41—66.

Benda Kl., Karolinská zložka blatnického nálezu. SlA XI, 1963, 199—222.

Benda Kl., Das großmährische Kunsthandwerk, Großmähren-Slawenreich zwischen Byzantinern und Franken. Ausstellungskatalog 1 des Römisch-Germanischen Zentralmuseums, Mainz—Bonn 1966, 69 n.

Benda Kl., Mittelalterlicher Schmuck (Slawische Funde aus tschechoslowakischen Sammlungen und der Leningrader Ermitage), Praha 1966.

Bialeková D., Žltá keramika z pohrebísk obdobia avarskej ríše v Karpatskej kotline. SlA XV, 1967, 5—76.

Bialeková D., Výskum slovanského hradiska v Pobedime r. 1964. AR XVII, 1965, 516, 530—538.

Bialeková D., Výskum slovanského hradiska v Pobedime, okr. Trenčín. AR XXIV, 1972, 121—129.

Bialeková D., — Pieta K., Zisťovací výskum v Hradci, okres Prievidza, SIA XII, 1964, 447.

Böhm J., Deux églises datant de l'Empire de la Grande-Moravie découvertes en Tschécoslovaquie, Byzantinoslavica XI, 1950, 207—222.

Böhm J., Dva kostely z doby říše Velkomoravské, PA XLVI, 1955, 358—372.

Böhm J., K rozboru kostela v Modré u Velehradu, Acta Universitatis Carolinae — Philosophica et Historica 3, 1960, 273—284.

Bréhier L., La sculpture et les arts mineurs — Histoire de l'art byzantin, Paris 1936.

Budinský—Krička V., Pohrebisko z doby avarskej v Žitavskej Tôni na Slovensku, SIA IV, 1956, 5—131.

Budinský—Krička V., Slovanské mohyly v Skalici. Archaeologica Slovaca Fontes II, Bratislava 1959.

Byvanck A. W., Les origines de l'art copt, Orientalia neerlandica, London 1948, 111—115.

Capelle T., Karolingischer Schmuck in der Tschechoslowakei. SIA XVI, 1968, 229—244.

Cibulka J., Velkomoravský kostel v Modré u Velehradu a začátky křesťanství na Moravě, Praha 1958.

Cibulka J., Zur Frühgeschichte der Architektur in Mähren (800—900). Festschrift Karl M. Swoboda zum 28. Januar 1959, Köln—Graz 1959, 55—74.

188 *Cibulka J.*, Großmährische Kirchenbauten. Sancti Cyrillus et Methodius — Leben und Wirken, Praha 1963, 49—117.

Čilinská Zl., Slovansko-avarské pohrebisko v Žitavskej Tôni. S1A XI, 1963, 87—120.

Čilinská Zl., Nové nálezy falér zo slovansko-avarských pohrebísk na Slovensku, S1A IX, 1961, 235—346.

Čilinská Zl., Slawisch-awarisches Gräberfeld in Nové Zámky. Archaeologica Slovaca — Fontes, Bratislava 1966.

Čilinská Zl., Frühmittelalterliches Gräberfeld in Želovce, Bratislava 1971.

Ćorović-Lubinković M., Der Zusammenhang des Schmuckes des Nitra-Gebietes und Nordserbiens in IX. Jahrhundert, S1A XVIII, 1970, 113—117.

Dalton O. M., Byzantin Art and Archaeology, Oxford 1911.

Dekan J., Les motifs figuraux humains sur les bronzes moulés de la zone danubienne centrale à l'époque précédant l'empire de la Grande Moravie, Studia Historica Slovaca II, 1964.

Dekan J., O genéze výtvarného prejavu Veľkej Moravy. Výtvarný život VIII, 1963, 283—290.

Dekan J., Die Beziehungen unserer Länder mit dem spätantiken und byzantinischen Gebiet in der Zeit vor Cyrill und Method. Das Großmährische Reich. Praha 1966, 80—102.

Dekan J., Herkunft und Ethnizität der gegossenen Bronzeindustrie des VIII. Jahrhunderts. S1A XX, 1972, 317—452.

Denkstein V., K ikonografii mikulčického nákončí, PA LII, 1961, 650.

Diehl Ch., Manuel d'art byzantin, Paris 1925.

Dostál B., Slovanská pohřebiště ze střední doby hradištní na Moravě, Praha 1966.

Dostál B., Das Vordringen der großmährischen materiellen Kultur in die Nachbarländer, Magna Moravia, Praha 1965, 361—416.

Eisner J., Dvě přilby typu baldenheimského z Poiplí. Historica Slovaca III—IV, 1945—46.

Eisner J., K dějinám našeho hradištního šperku. Čas. Nár. musea 1947.

Eisner J., Devínska Nová Ves, Bratislava 1952.

Erdélyi J., Die Kunst der Awaren, Budapest 1966.

Fettich N., Die Tierkampfszene in der Nomadenkunst. Recueil d'études dédiées à la mémoire de N. P. Kondakov. Praha 1926, 81—92.

Fettich N., Bronzeguß und Nomadenkunst. Seminarium Kondakovianum. Prague 1929, 55—81.

Fettich N., Die Metallkunst der landnehmenden Ungarn. AAH XXI, 1937.

Fettich N., Archäologische Studien zur Geschichte der späthunnischen Metallkunst, Budapest 1951.

Gervers—Molnár V., A középkori Magyarország rotundái (Művészettörténeti füzetek 4), Budapest 1972.

Ghirshman R., Iran. Parther und Sasseniden. München 1962.

Goldschmidt A., Die Elfenbeinskulpturen aus der Zeit der karolingischen und sächsischen Kaiser, Berlin 1914.

Grube E. J., Islamské umenie, Pallas, Bratislava 1973.

Hampel, J., Alterthümer des frühen Mittelalters in Ungarn, I.—III., Braunschweig 1905.

Haseloff G., Der Tassilo-Kelch, 1952.

Havlík L., Velká Morava a středoevropští Slované, Praha 1964.

Henry F., Irish Art in the Early Christian Period, 1965.

Hrubý V., Staré Město — Velkomoravské pohřebiště „Na valách", Praha 1955.

Hrubý V., Staré Město — Velkomoravský Velehrad, Praha 1965.

Hrubý V., Keramika antických tvarů v době velkomoravské. Čas. Mor. Musea L, 1965, 37—62.

Hrubý V., — *Hochmanová V.* — *Pavelčík J.*, Kostel a pohřebiště z doby velkomoravské na Modré u Velehradu. Čas. Mor. Musea XL, 1955, 42—126.

Chropovský B., Slovanské pohrebisko v Nitre na Lupke, S1A X, 1962, 175—240.

Chropovský B., The Situation of Nitra in the Light of Archaeological Finds, Historica 8, 1964.

Chropovský B., Slovensko na úsvite dejín, Bratislava 1970.

Istorija iskusstva narodov SSSR — II., Iskusstvo IV—XII vekov, Moskva 1973.

Kalousek F., Břeclav — Pohansko, Velkomoravské pohřebiště u kostela, Brno 1971.

Karger M. K., Drevnij Kijev I., Moskva—Leningrad 1958.

Kidson P., Stredoveké umenie, Pallas, Bratislava 1974.

Klanica Zd., Velkomoravský gombík. AR XXII, 1970, 426 n.

Klanica Zd., Předvelkomoravské pohřebiště v Dolních Dunajovicích. Příspěvek k otázce vzájemných vztahů Slovanů a Avarů v Podunají. Studie AÚ ČSAV v Brně 1, 1972.

Kostka J., Monumentálna architektúra Veľkomoravskej ríše. Výtvarný život VIII, 1963, 291—303.

Korzuchina G. F., Russkie klady IX—XII vv., Moskva—Leningrad 1954.

Kraskovská Ľ., Skvosty z doby hradištnej na Slovensku. Slavia Antiqua 1, Poznań 1948.

Kraskovská Ľ., Pohrebisko v Bernolákove. S1A X, 1962, 425—476.

Kraskovská Ľ., Slovansko-avarské pohrebisko pri Záhorskej Bystrici, Bratislava 1972.

Kotrba V., Cirkevní stavby Velké Moravy. Umění XII, 1964, 325—361.

Lassus J., Ranokresťanské a byzantské umenie, Pallas, Bratislava 1971.

László, Gy., Études archéologiques sur l'histoire de la société des Avars, Budapest 1955.

László Gy., Steppenvölker und Germanen (Kunst der Völkerwanderungszeit), Wien—München 1970.

Magna Moravia. Sborník k 1100. výročí příchodu byzantské mise na Moravu, Praha 1965.

Mavrodinov N., Le trésor protobulgare de Nagyszentmiklós, Budapest 1943.

Merhautová-Livorová A., Einfache mitteleuropäische Rundkirchen — Ihr Ursprung, Zweck und ihre Bedeutung, Rozpravy ČSAV 1970.

Mitscha-Märheim M., Dunkler Jahrhunderte goldene Spuren, Wien 1963.

Niederle L., Příspěvky k vývoji byzantských šperků ze IV.—X. století, Praha 1930.

Pauliny E., Slovesnosť a kultúrny jazyk Veľkej Moravy, Bratislava 1964.

Pošmourný J., Budownictwo murowane Słowian wielkomorawskich. Kwartalnik historii kultury materialnej XVII, 1969, 633—678.

Pošmourný J., Provenience stavebního umění velkomoravských Slovanů. Zborník filozofickej fakulty Univerzity Komenského — Musaica XI, 1971, 41—60.

Poulík J., Záhadná mohyla Žuráň, AR I, 1949.

Poulík J., Staroslovanská Morava, Praha 1948.

Poulík J., Jižní Morava, země dávných Slovanů, Brno 1948—1950.

Poulík J., Výsledky výzkumu na velkomoravském hradišti „Valy" u Mikulčic, PA XLVIII, 1957, 241—374.

Poulík J., Nález kostela z doby velkomoravské v trati „Špitálky" ve Starém Městě, PA XLVI, 1955, 307—351.

Poulík J., Dvě velkomoravské rotundy v Mikulčicích, Praha 1963.

Poulík J., Pevnost v lužním lese, Praha 1967.

Poulík J., Beziehungen Großmährens zu den europäischen Kulturgebieten, Jahrbuch für Landeskunde von Niederösterreich, Neue Folge XXXVIII (1968—69), Wien 1970, 124—144.

Poulík J., Mikulčice. Sídlo a pevnost knížat velkomoravských, Praha 1975.

Ratkoš P., Veľkomoravské obdobie v slovenských dejinách. Historický časopis VI, 1958, 3—31.

Ratkoš P., Pramene k dejinám Veľkej Moravy, II. vydanie, Bratislava 1968.

Richter V., Die Anfänge der großmährischen Architektur, Magna Moravia, Praha 1965, 121—360.

Ross C. M., Catalogue of the Byzantin and early Medieval Antiquities in the Dumbarton Oaks Collection II, Washington 1965.

Rybakov B. A., Remeslo drevnej Rusi, Moskva—Leningrad 1948.

Sarre Fr., Die Kunst des alten Persien, Berlin 1922.

Sós-Cs. Á., Bemerkungen zur Problematik des Kirchenbaus des 9. Jahrhunderts in Transdanubien. (Liber Josepho Kostrzewski octogenario a veneratoribus dicatus), Wrocław—Warszawa—Kraków 1968, 377—389.

Sós-Cs. Á., Die Ausgrabungen Géza Fehérs in Zalavár, Budapest 1963.

Strzygowski J., Die altslawische Kunst, Augsburg 1929.

Strzygowski J., Iran und Völkerwanderung, Leipzig 1917.

Svoboda B., Poklad byzantského kovotepce v Zemianském Vrbovku, PA XLIV, 1953, 33—93.

Svoboda B., Zum Problem antiker Traditionen in der ältesten slawischen Kultur, Origines et débuts des Slaves VI, 1966, 87—114.

Szőke B., Über die Beziehungen Moraviens zu dem Donaugebiet in der Spätawarenzeit, Studia Slavica VI, 1960, 75—112.

Šolle, M., Čechy v době rozkvětu velkomoravských center, S1A XVIII—1, 1970, 129—136.

Šolle M., Knížecí pohřebiště ve Staré Kouřimi, PA L, 1959, 353—506.

Štefanovičová T. — Fiala A., Veľkomoravská bazilika, kostol sv. Salvátora a pohrebisko na Bratislavskom hrade. Zborník Filozofickej fakulty Univerzity Komenského — Historica XVIII, 1967, 151—216.

Talbot Rice D., Byzantské umenie. Tatran, Bratislava 1968.

Talbot Rice T., Ancient Arts of Central Asia, London 1965.

Točík A., Pohrebisko a sídlisko z doby avarskej ríše v Prši, S1A XI, 1963, 121—198.

Točík A., Slawisch-awarisches Gräberfeld in Holiare, Bratislava 1968.

Točík A., Slawisch-awarisches Gräberfeld in Štúrovo, Bratislava 1968.

Turek R., Čechy na úsvitě dějin, Praha 1963.

Turek R., K otázce vlivů a tradic velkomoravské architektury v Čechách, S1A XVIII, 1970, 153—158.

Turek R., K problému stop cyrilometodějské mise ve hmotné kultuře Velké Moravy. Slavia XXXVIII, 1969, 616—626.

Vavřínek V., Církevní misie v dějinách Velké Moravy, Praha 1963.

Vavřínek V., Die Christianisierung und Kirchenorganisation Großmährens, Historica VII, 1963, 5—56.

Vavřínek V., Study of the Church Architecture from the Period of the Great Moravian Empire, Byzantinoslavica XXV, 1964, 288—301.

Veľká Morava, Tisícročná tradícia štátu a kultúry, Praha 1963.

Venedikov I., Alte Schätze Bulgariens, Sofia 1965.

Volbach W. F., Elfenbeinskulpturen der Spätantike und des frühen Mittelalters, Mainz 1952.

Werner J., Slawische Bügelfibeln des 7. Jahrhunderts, Reinecke Festschrift, Mainz 1950, 150—172.

Werner J., Neues zur Frage der slawischen Bügelfibeln aus südosteuropäischen Ländern. Germania 38, 1960.

Werner J., Zur Verbreitung frühgeschichtlicher Metallarbeiten. Antikvarist Arkiv 38, 1970, 65—81.

Wessel Kl., Koptische Kunst. Die Spätantike in Ägypten. Recklinghausen 1863.

Wulf O., Altchristliche und byzantinische Kunst, I—II, Berlin 1913—1918.